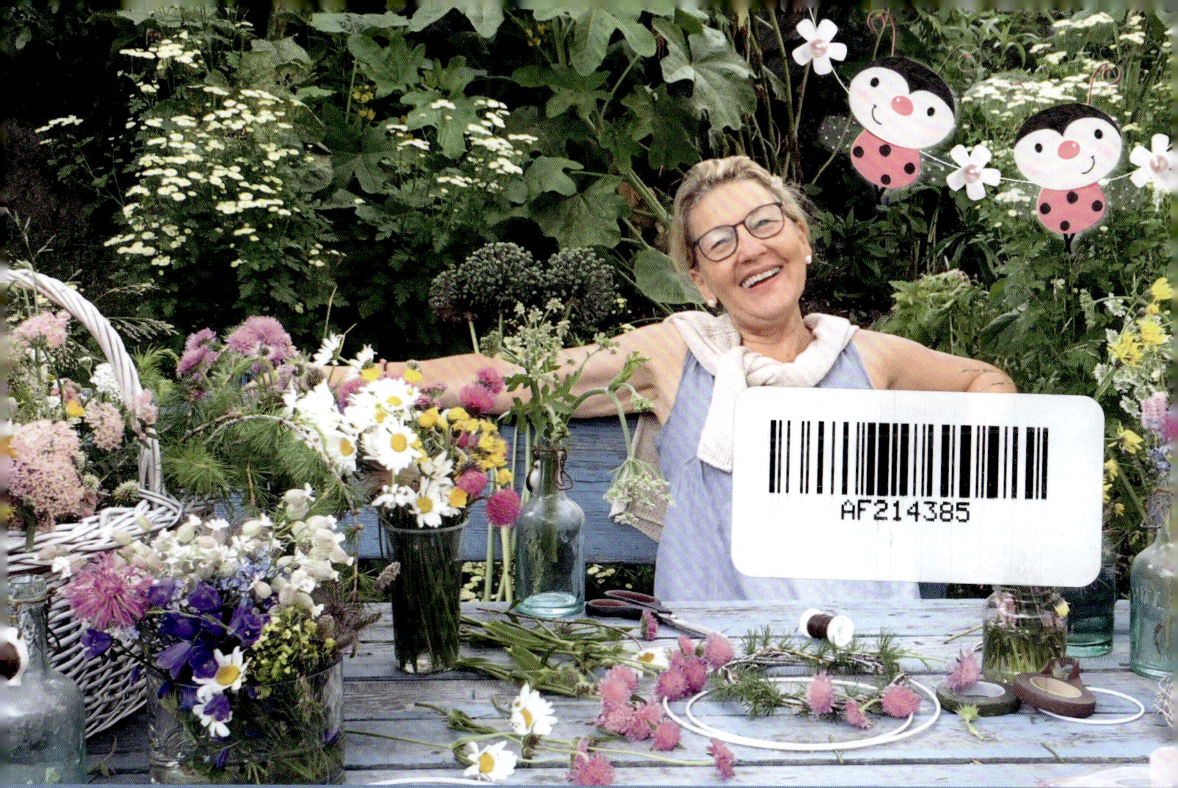

Frühling liegt in der Luft. Draußen erwacht die Natur wieder zum Leben und in den eigenen vier Wänden wird mit zarten Blüten, niedlichen Häschen und bunten Eiern für Frühjahr und Ostern dekoriert. Nach der dunklen Winterzeit ist es schön die frischen, leuchtenden Farben zu sehen.

Mit den Papiergirlanden können Sie Ihre Fenster, Türen und Wände ganz individuell schmücken. Dabei lassen sich die Motive aus unterschiedlichen Girlanden mischen. Vielleicht verstecken sich beispielsweise zwischen den Regenwolken ein paar Schäfchen. Auf Wunsch können Sie außerdem andere Motivpapiere oder Farben benutzen.

Alle Girlanden werden Schritt für Schritt erklärt. Einige Ideen sind ganz leicht, sodass auch Kinder mitbasteln können. Beachten Sie zudem die Grundanleitung und die Tipps auf den Umschlagklappen. Dort erfahren Sie zum Beispiel, wie die Girlanden ganz nach Belieben längs oder quer aufgehangen werden.

Ich wünsche Ihnen gutes Gelingen und eine wunderschöne Frühlingszeit

Ihre

Pia Pedevilla

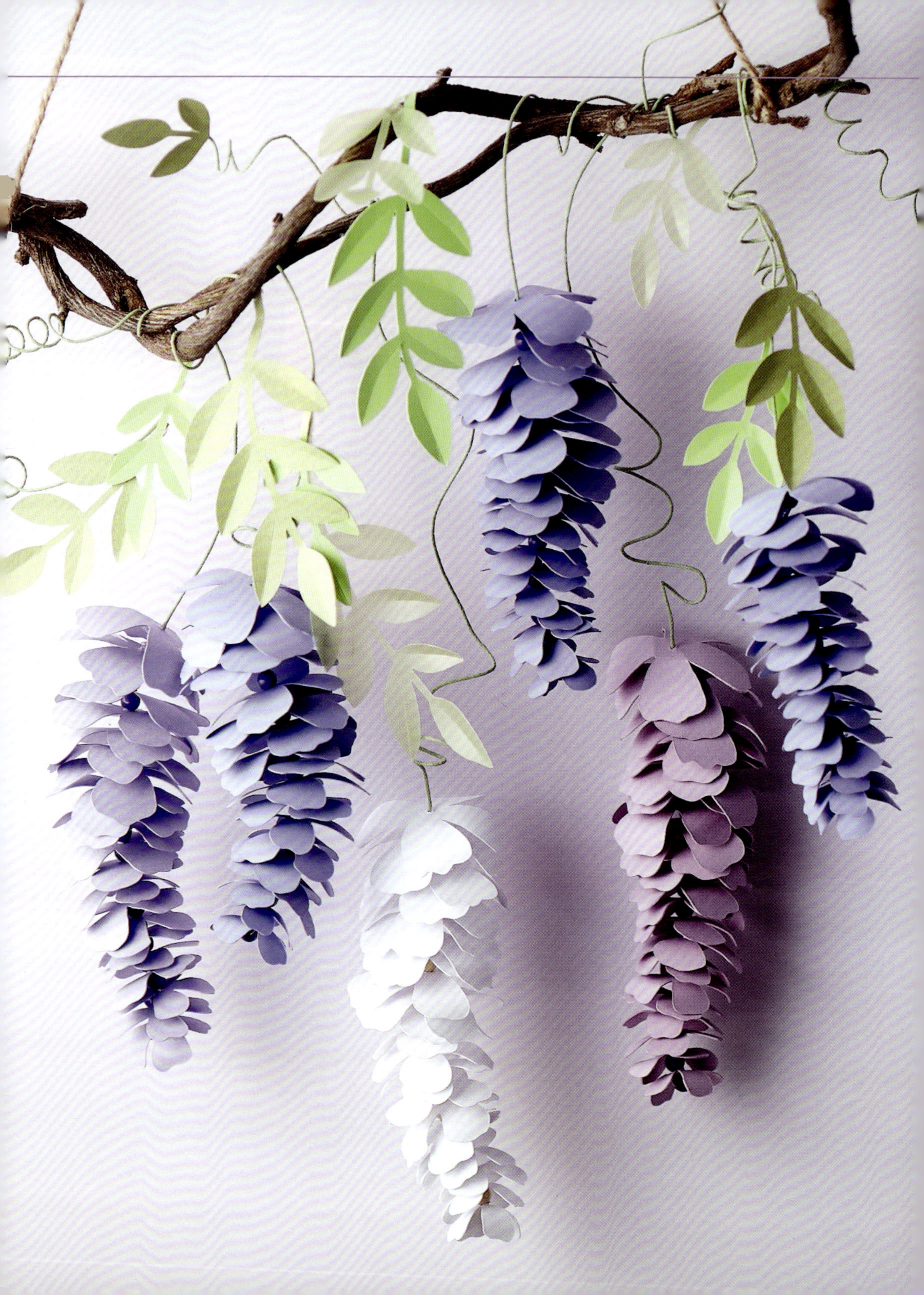

Blauregen-Zweig

in voller Blüte

MOTIVGRÖSSE
45 cm lang, 40 cm breit

MATERIAL
- Tonpapier in Violett, A2
- Tonpapier in Apfelgrün, Maigrün, Hellgrün, Hellviolett, Helllila und Weiß, A4
- Transparentpapier in Hellgrün, A4
- Holzperlen in Violett und Weiß, ø 6 mm
- Papierdraht in Grün, ø 0,5 mm, 3 m lang
- Kordel in Natur, 2 m
- Ast, 40-45 cm lang
- Heißkleber
- Prickelnadel mit Unterlage

VORLAGE
Bogen A

1 Pro Blütenstand alle Teile für die Blüten dreimal ausschneiden. Es sind sieben Blüten in verschiedenen Größen. In die Mitte von jeder Blüte mit der Prickelnadel ein Loch stechen. Die einzelnen Blätter mit einem Schaschlikstäbchen oder Bleistift wölben (siehe „So wird's gemacht").

2 Für jeden Blütenstand ein ca. 50 cm langes Stück vom Papierdraht zuschneiden. An einem Ende kleben Sie eine Holzperle in der gewünschten Blütenfarbe fest. Nun die Blütenteile von klein nach groß auffädeln, dabei zwischen jeder Blüte immer eine Perle befestigen.

3 Den Papierdraht oben um den Ast wickeln und eventuell mit der Klebepistole befestigen, dabei das obere Ende des Drahts lose lassen. Den Draht in Form biegen. Für die Windungen an den Enden wird der Draht auf einen Bleistift oder um den Finger gewickelt (siehe „So wird's gemacht").

4 Die Blätter nach Vorlage aus den grünen Tonpapieren und dem Transparentpapier ausschneiden. In der Mitte von jedem Blatt mit der Prickelnadel eine Linie einritzen und leicht falten. Die Blätter auf den Ast oder die Drahtenden kleben. Zum Schluss den Ast mit der Kordel aufhängen.

Mein Tipp für Sie

Durch den Papierdraht können Sie die Blüten und Blätter des Blauregens einfach nach Ihren Vorstellungen formen und positionieren. Ein Band oder eine Kordel hingegen hängt ganz gerade herab.

Hennen mit Körbchen

bringen Eier und Küken

MOTIVGRÖSSE
11 cm lang, 65 cm breit

Henne ca. 11 cm lang

MATERIAL
- Tonkarton in Weiß, A3
- Fotokarton in Blau gestreift, A5
- Tonkartonreste Hellrosa, Rosa, Gelb, Türkis, Hellblau, Azurblau, Floridablau und Violett
- Bäckergarn in Hellblau, ø 1 mm, 1 m lang
- Satinband in Hellblau und Blau, 4 mm breit, je 30 cm lang
- Lackmalstift in Weiß
- Filzstift in Schwarz
- Buntstift in Rot
- Heißkleber
- Wattestäbchen
- Cutter mit Schneideunterlage (optional)

VORLAGE
Bogen A

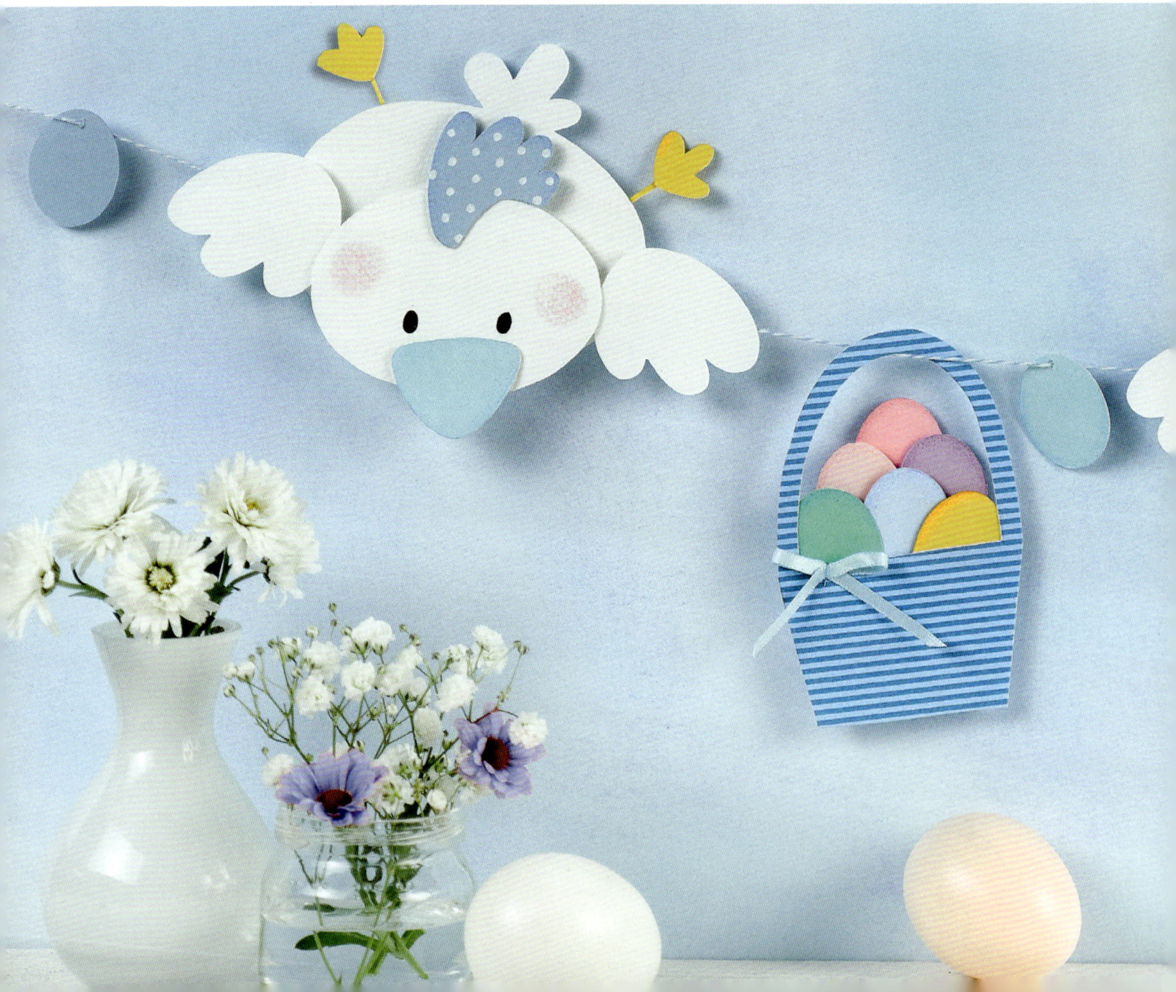

1 Zuerst nach Vorlage alle Teile für den Körper der Hennen aus weißem Tonkarton ausschneiden, dabei das Hinterteil doppelt zuschneiden. Auf den Kopf das Gesicht aufmalen (siehe „TOPP-Tipps").

2 Mithilfe der Vorlage und des Fotos die erste Henne zurechtlegen und in der Mitte des Garns ankleben, Kopf und Flügel von vorne und ein Hinterteil von hinten. Achten Sie darauf, dass sie die Teile wie gezeigt befestigen, sonst kippt die Henne eventuell nach vorne.

3 Die Beinen und Krallen in Gelb ausschneiden und von hinten am Körper befestigen. Darüber das zweite Hinterteil kleben. Schnabel und Kamm in Blau ausschneiden, den Kamm mit weißen Punkten versehen und beides wie im Foto an den Kopf kleben.

4 Die zwei Körbe doppelt ausschneiden, mit einer Nagelschere oder einem Cutter ist das einfacher. Alle Teile des Kükens ausschneiden, das Gesicht aufmalen und mithilfe der Vorlage einen Korb mit Küken zusammenkleben. Im zweiten Korb sechs Eier aus Tonkarton einkleben. Von hinten jeweils den zweiten Korb passgenau ankleben. Eine Schleife aus Satinband schmückt die Körbe.

5 Je einen Korb von rechts und links auf das Garn fädeln und daneben eine Henne am Garn befestigen. Auf Wunsch dazwischen blaue Eier aus Papier auffädeln.

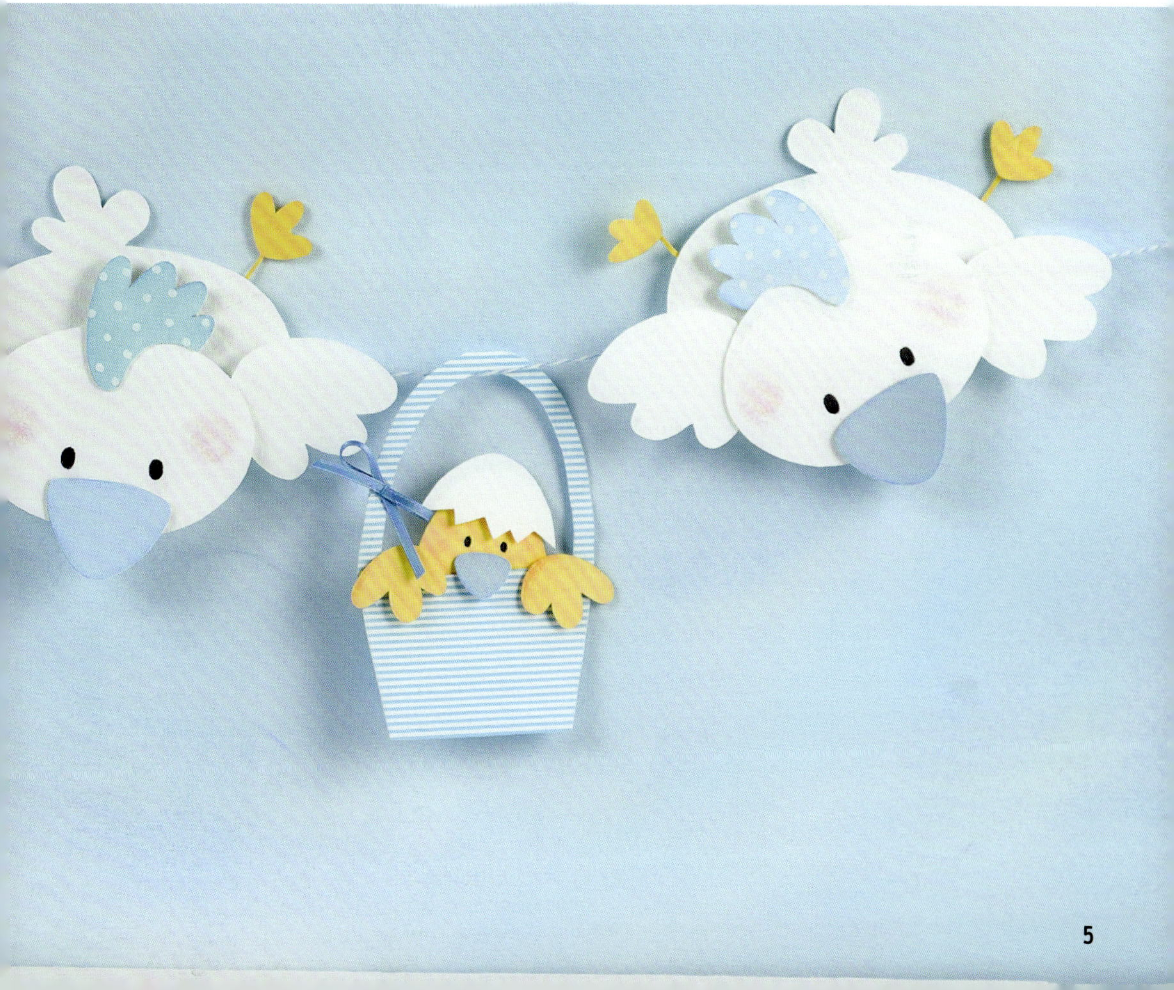

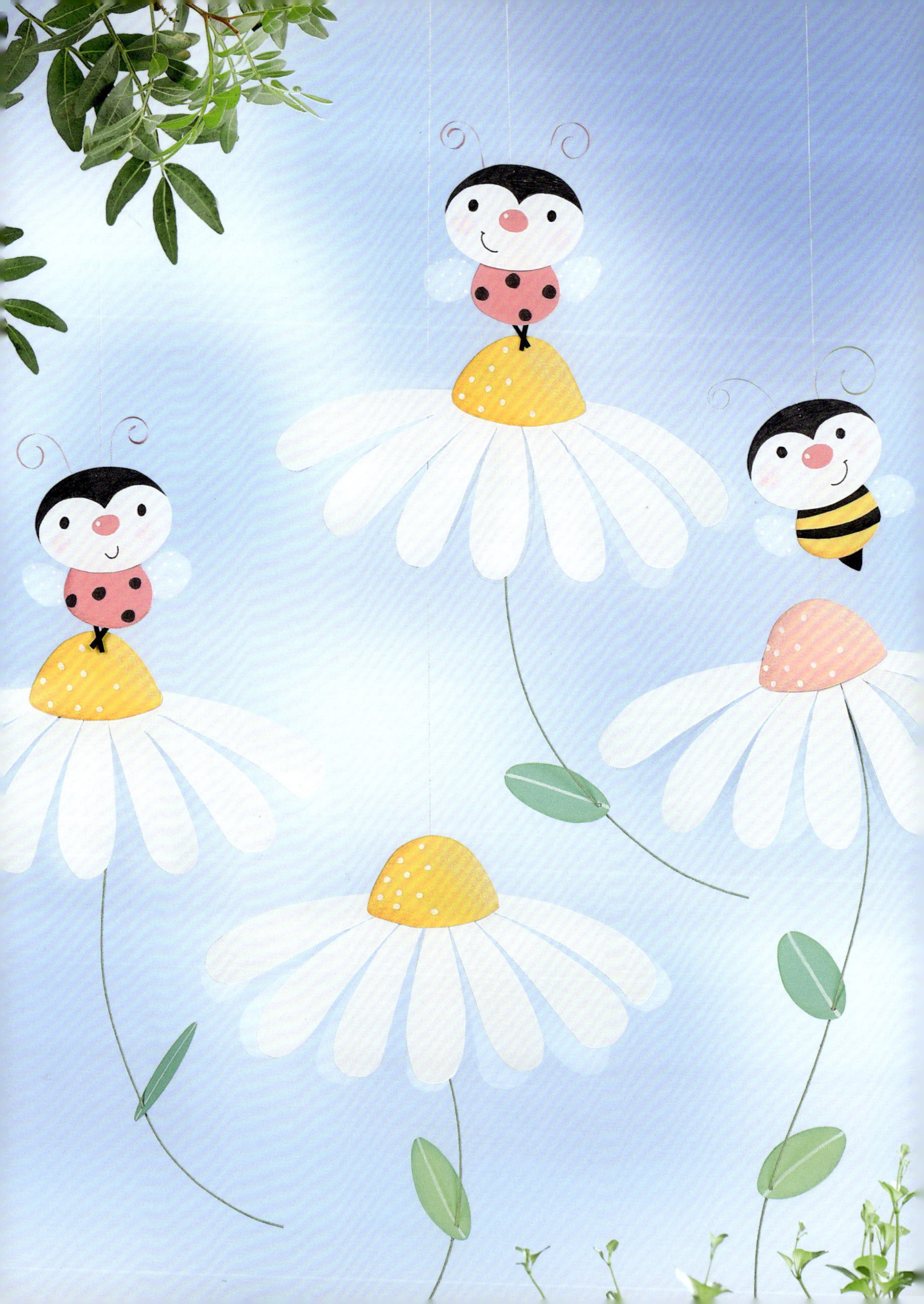

Frühlingswiese

mit Biene und Marienkäfern

MOTIVGRÖSSE
54 cm lang, 50 cm breit

Margarite ca. 22 cm lang

MATERIAL

- Tonpapier in Weiß, A3
- Transparentpapier, A3
- Fotokartonreste in Rosa, Pink, Gelb, Hellgrün, Mint, Weiß und Schwarz
- Tonpapierreste in Pink und Gelb
- Papierdraht in Grün, ø 0,5 cm, 1 m lang
- Aufreihgarn in Weiß, ø 0,27 mm, 1,5 m lang
- Lackmalstift in Weiß
- Filzstift in Schwarz
- Buntstift in Rot
- Heißkleber
- Prickelnadel mit Unterlage
- Wattestäbchen

VORLAGE
Bogen A

1 Die Margeriten nach Vorlage jeweils aus weißem Tonpapier und Transparentpapier ausschneiden. Mit einem Bleistift die Blütenblätter leicht wölben. Die gelben und rosafarbenen Blütenmitten doppelt ausschneiden und mit weißen Punkten verzieren.

2 Einen 25 cm langen Stängel aus Papierdraht zwischen eine Blüte aus Tonpapier und eine aus Transparentpapier kleben. Ebenso das Aufreihgarn zum Aufhängen befestigen. Über die Klebestelle wir von beiden Seiten je eine Blütenmitte angebracht.

3 Die grünen Blätter ausschneiden, die Ränder schattieren (siehe „TOPP-Tipps") und in Weiß eine Mittellinie einzeichnen. Mit der Prickelnadel wird in jedes Blatt ein Loch gestochen. Dann die Blätter auf den Draht schieben und an gewünschter Position verkleben.

4 Für die Biene einen Körper in Gelb und für den Marienkäfer einen in Pink ausschneiden und Streifen beziehungsweise Punkten aufmalen. Für jedes Tier einen weißen und einen schwarzen Kopf ausschneiden. Auf den weißen Kopf wird das Gesicht (siehe „TOPP-Tipps") sowie die schwarze Kappe gemalt.

5 Die Flügel aus Transparentpapier zuschneiden, mit weißen Punkten versehen und hinter den Körper kleben. Aus schwarz den Stachel und die Rechtecke für die Beinen ausschneiden und ankleben, wie auf dem Foto zu sehen. Für die Fühler Tonpapierstreifen auf einen Schaschlikstäbchen aufrollen (siehe „So wird's gemacht"). Je zwei Fühler und den Faden einer Blume hinter den Kopf legen und darüber einen schwarzen Hinterkopf festkleben.

Mein Tipp für Sie

Hängen Sie die Margeriten frei im Raum auf, dann drehen sie sich schön in der Luft.

Ententeich

mit süßen Küken

MOTIVGRÖSSE
60 cm lang, 36 cm breit

MATERIAL
- Fotokarton in Gelb, A3
- Fotokarton in Hellbraun und Braun, A4
- Fotokarton in Weiß, A5
- Effekt-Papierreste „Stream“ in Sonnengelb und Hellblau
- Tonpapierreste in Gelb-Weiß gestreift
- 27 Holzperlen in Blau, ø 6 mm
- Aufreihgarn in Weiß, ø 0,27 mm, 2,5 m lang
- Kordel in Natur, 2m
- Ast, 45-50 cm lang
- Filzstift in Schwarz
- Heißkleber
- Prickelnadel mit Unterlage

VORLAGE
Bogen B

1 Den Körper der Ente in Weiß und von den Entchen in Gelb ausschneiden. Mit der Prickelnadel oben am Kopf ein Loch machen. Die Flügel aus den gewünschten Resten zuschneiden, jeweils in der Mitte falten und auf dem Rücken befestigen. Die Schnäbel werden immer doppelt ausgeschnitten und von beiden Seiten an den Kopf geklebt. Dann das Auge malen sowie die Linie auf dem Schnabel einzeichnen.

2 Die Wellenteile jeweils doppelt aus Effekt-Papier zuschneiden. Durch das Loch der Enten je ein Stück Garn ziehen und das Ende verknoten, sodass es nicht durchrutscht. Nach 5–6 cm eine Perle mit Klebstoff befestigen. Darüber von vorne und hinten ein Wellenteil an den Faden kleben. Auf die gleiche Weise noch eine Perle, zwei Welle und eine weitere Perle befestigen.

3 Zuletzt die braunen Stiele und je zwei hellbraune Rohrkolben ausschneiden. Die Kolben werden von vorne und hinten an den Stiel geklebt, sodass oben noch ca. 2,5 cm Stiel zu sehen sind. In die Stielspitze ein Loch stechen, ein Stück Garn durchfädeln und verknoten.

4 Die einzelnen Stränge mit Enten und Rohrkolben in unterschiedlicher Höhe am Ast festknoten. Anschließend den Ast mit der Kordel aufhängen.

Mein Tipp für Sie

Die Entchen sehen auch sehr hübsch aus, wenn sie im Fenster hängen.

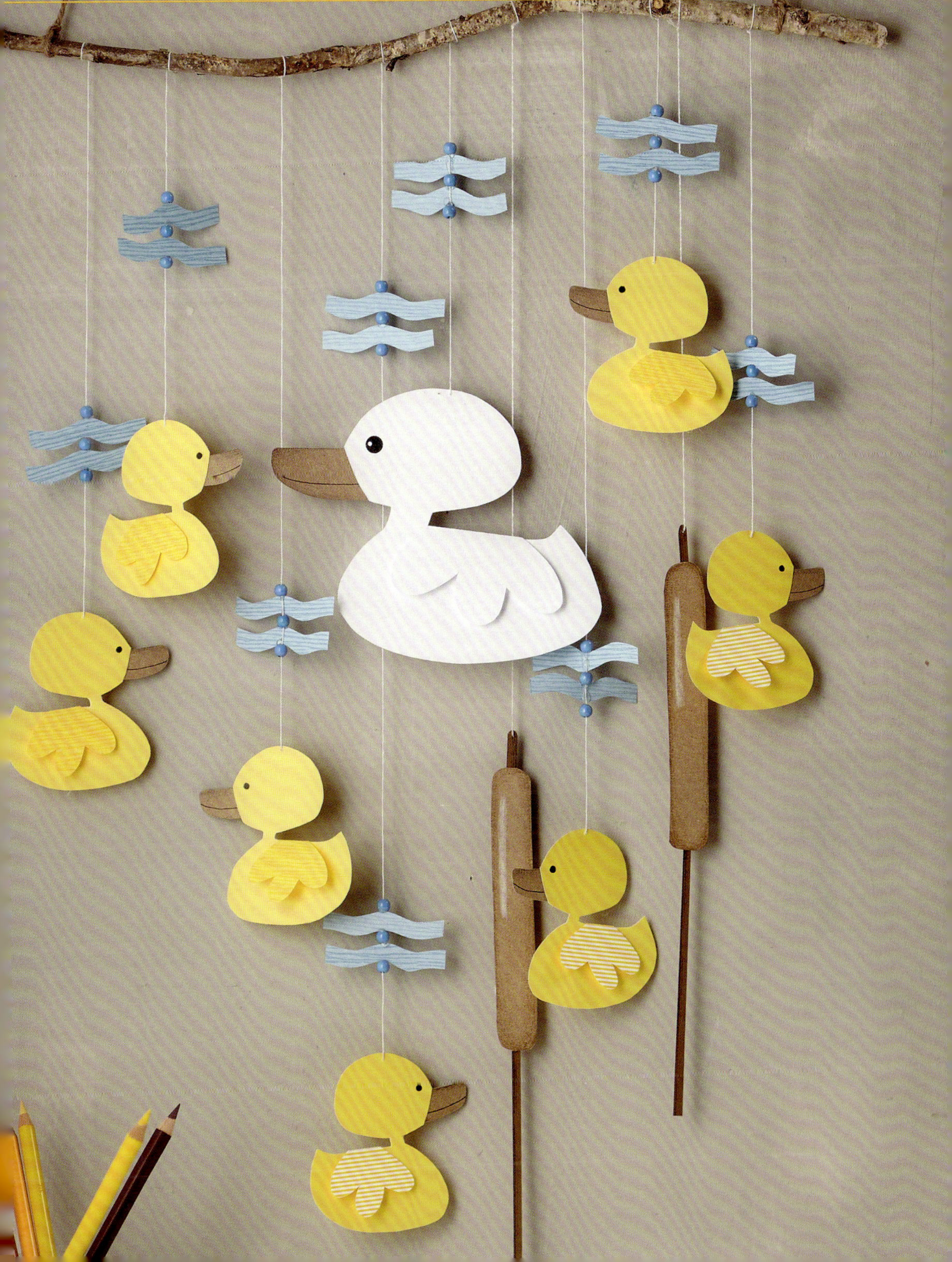

Mit dem Effektdraht lassen sich die einzelnen Blumen und Blätter leicht anknüpfen. Ist der Draht leicht nach links oder rechts gebogen, sehen die Ketten dynamischer aus.

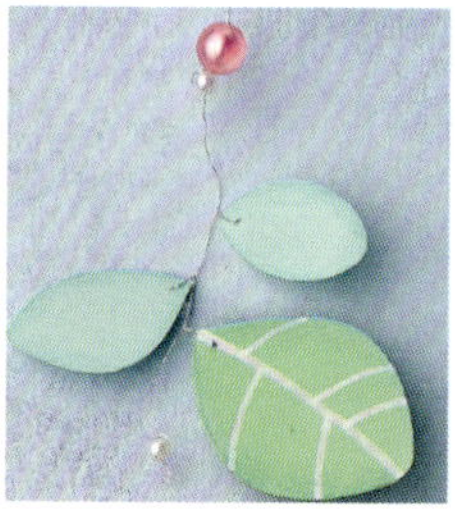

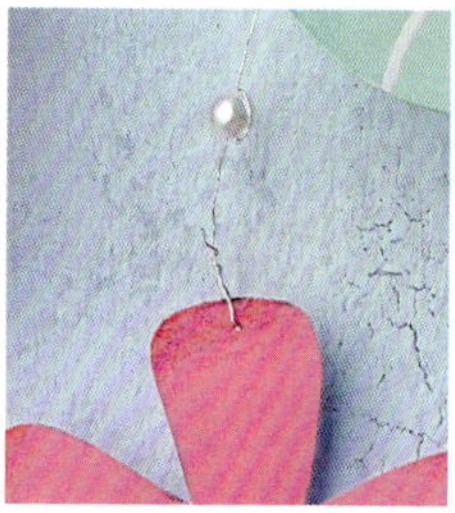

Eukalyptus und Fuchsie

voll im Trend

MOTIVGRÖSSE
33 cm lang, 24 cm breit
Fuchsie ca. 10 cm

MATERIAL
- Fotokarton in Hellrosa und Rosa, A5
- Transparentpapier in Türkis, A4
- Fotokartonkartonreste in Hellgrün und Mittelgrün
- Tonpapierreste in Weiß, Hellblau und Rosa
- Seidenpapierreste in Weiß
- Wachsperlen in Rosa, Hellgrün und Hellblau, ø 8 mm
- 15 Wachsperlen in Weiß, ø 4 mm
- Effektdraht in Silber, ø 0,25 mm, 2 m lang
- Lackmalstift in Weiß
- Buntstifte in Rosa und Grün
- Prickelnadel mit Unterlage

VORLAGE
Bogen A

1 Die drei Teile der Fuchsie je einmal aus hellrosa und rosa Fotokarton ausschneiden. Aus weißem Tonpapier vier Streifen zuschneiden und immer ein Ende mit einem Schaschlikstäbchen einrollen. Die Fuchsien nach Vorlage zusammenkleben, dabei die Streifen zwischen den zwei Teilen der glockenförmigen Blüte befestigen.

2 Für die runde Blume die Blüten zweimal nach Vorlage ausschneiden. Die einzelnen Blütenblätter werden mit einem Bleistift nach innen gewölbt, bei einem Blütenkreis stärker als beim anderen (siehe „So wird's gemacht“). Verzieren Sie die runde Blütenmitte mit weißen Punkten und kleben Sie die Blume aus versetzten Blüten, wie im Foto, zusammen.

3 Die kleinen Blätter aus grünem Fotokarton ausschneiden und leicht schattieren (siehe „TOPP-Tipps“) sowie die weißen Blattadern aufmalen. Alle Teile vom Eukalyptus aus Transparentpapier in Türkis ausschneiden. In jedes Blatt wird mit der Prickelnadel ein Loch zum Aufhängen gestochen.

4 Für die Quasten je ein Stück weißes Seidenpapier in der Mitte falten und nach Vorlage an den gestrichelten Linien einschneiden. Die geschlossene Seite fest um ein Drahtende wickeln und darüber, wie im Foto, Perlen befestigen (siehe „So wird's gemacht“). Um den Ansatz der Quaste wird zur Dekoration ein farbiger Streifen aus Tonpapier geklebt.

5 Zum Schluss alle Teile wie im Bild zusammenfügen. Die Fuchsie auffädeln und das Drahtende nach oben verdrehen. Bei der runden Blume wird am Draht zuerst ein kleines Blatt befestigt und darüber von vorne und hinten je ein Blütenkreis beklebt. Die einzelnen Blätter an einem kurzen Drahtstück auffädeln und an der gewünschten Stelle fest verdrehen.

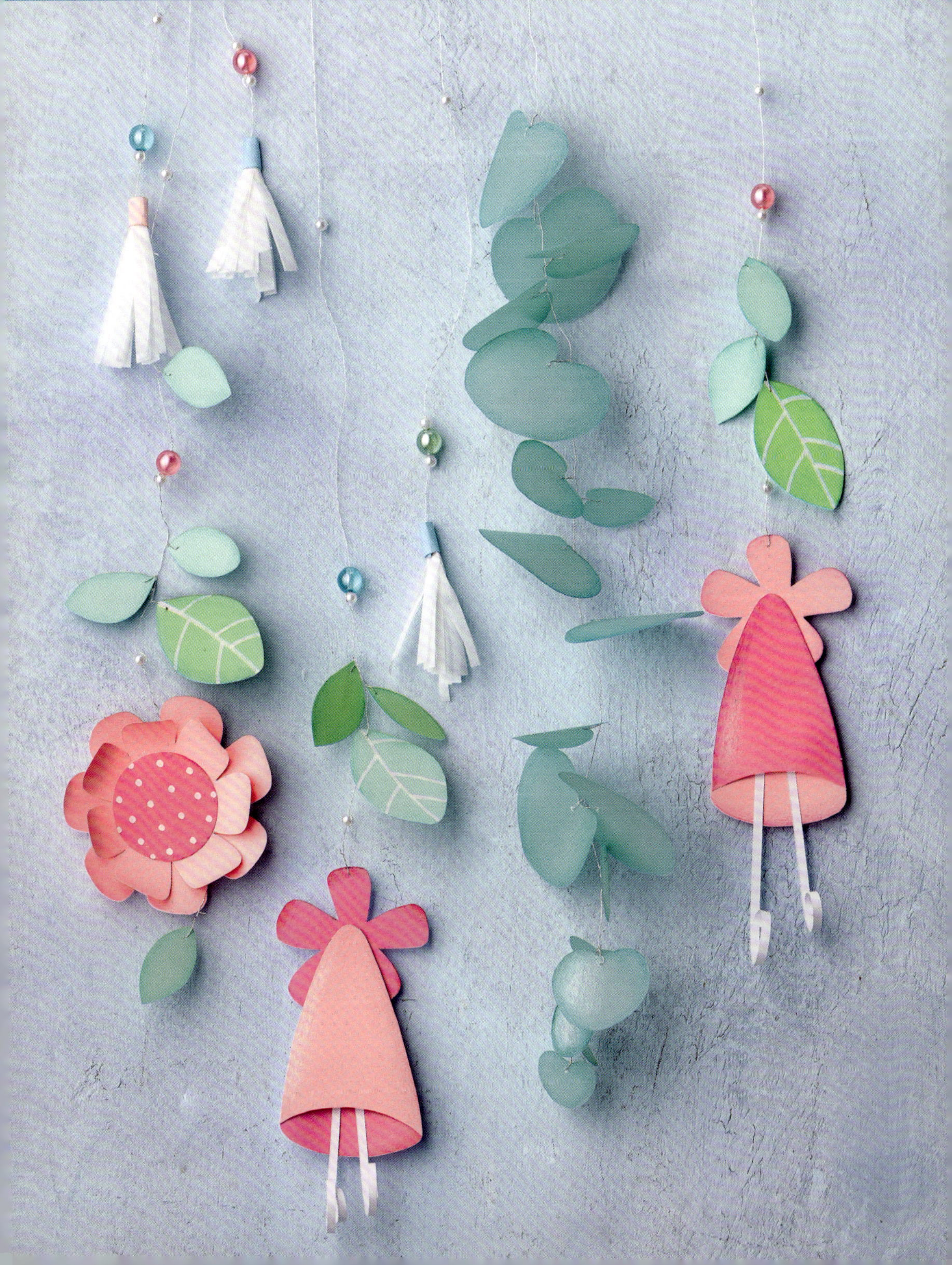

Häschentanz

mit kleinen Röschen

MOTIVGRÖSSE
48 cm lang, 45 cm breit
Hase ca. 26 cm lang

MATERIAL

- Fotokarton in Weiß, A3
- Tonpapier in Rosa, Hellgrün und Weiß, A4
- Flockkarton „Ranken" in Rosa, A4
- Transparentpapier, A4
- Satinkordel in Rosa, ø 2 mm, 2 m lang
- Organzaband in Pink, 6 mm breit, 40 cm lang
- Blütenstempel in Rosa, ø 2,5 mm
- Ast, 65 cm lang
- Filzstift in Schwarz
- Buntstift in Rot
- Heißkleber
- Prickelnadel mit Unterlage
- Wattestäbchen

VORLAGE
Bogen A

1 Aus weißem Papier die Körper der Häschen ausschneiden und das Gesicht aufmalen (siehe „TOPP-Tipps"). Das Kleid aus Flockkarton jeweils doppelt ausschneiden und von vorne und hinten aufkleben. Um den Hals wird ein Stück Organzaband geknotet. Zum Aufhängen je ein Ohr umknicken.

2 Für die Rosen zunächst die Blätter jeweils aus grünem Tonpapier und Transparentpapier ausschneiden. Mit der Prickelnadel die Blätter entlang der Mittellinie einritzen und dann hochbiegen. Die Blüten aus Tonpapierspiralen rollen (siehe „So wird's gemacht"). Nach Bedarf mit Kleber sichern und die fertige Spirale mittig auf die Blätter kleben.

3 Die kleinen Blüten aus weißem Fotokarton ausschneiden. In die Mitte ein Loch stechen und je vier Blütenstempel einkleben. Zu jeder Blüte ein Blatt aus Transparentpapier zuschneiden, mittig falten und von hinten ankleben.

4 Die Satinkordel in die gebogenen Hasenohren einkleben. Dann alle Blumen nach Belieben an der Kordel befestigen und diese um den Ast wickeln.

Mein Tipp für Sie

Kleben Sie die Kordel am Ast fest, dann kann nichts verrutschen.

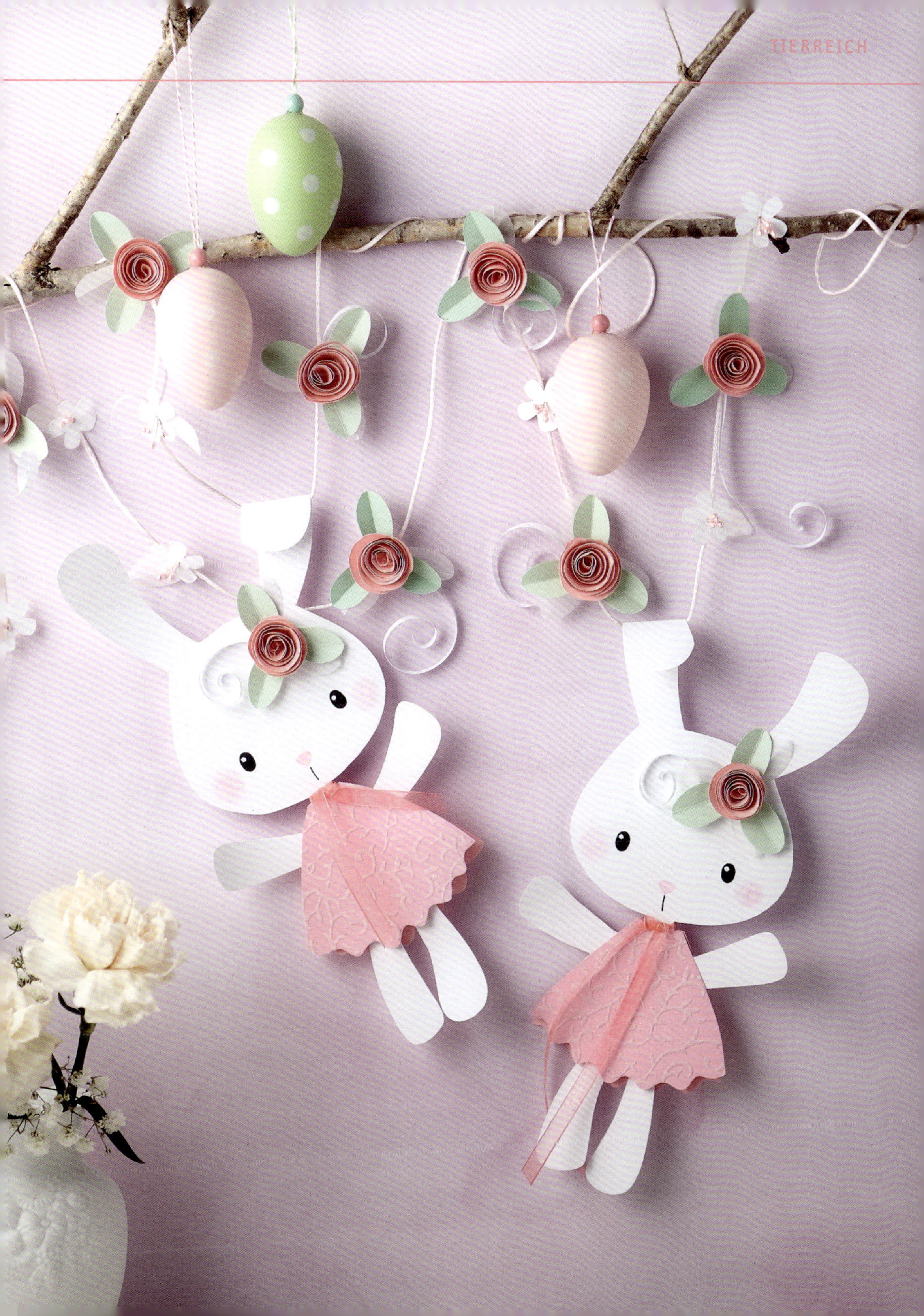

Glückliche Schafe

lassen Blumen sprechen

MOTIVGRÖSSE
16 cm lang, 75 cm breit

MATERIAL
- Prägekarton „Milano“ in Braungrau und Weiß, A3
- Fotokartonreste in Hellgrau, Grau und Weiß
- Tonpapierreste in Hellrosa, Rosa und Weiß
- Transparentpapierreste
- 6 Strasssteine in Pink, ø ca. 6 mm
- 3 Halbperlen in Rosa, ø ca. 8 mm
- Bäckergarn in Rosé, ø 1 mm, 1 m lang
- Satinband in Weiß-Rosa kariert, 6 mm breit, 90 cm lang
- 3 Weidenäste, 35 cm lang
- Lackmalstift in Weiß
- Filzstift in Schwarz
- Buntstift in Rot
- Heißkleber
- Abstandsklebepads
- Prickelnadel mit Unterlage
- Wattestäbchen

VORLAGE
Bogen B

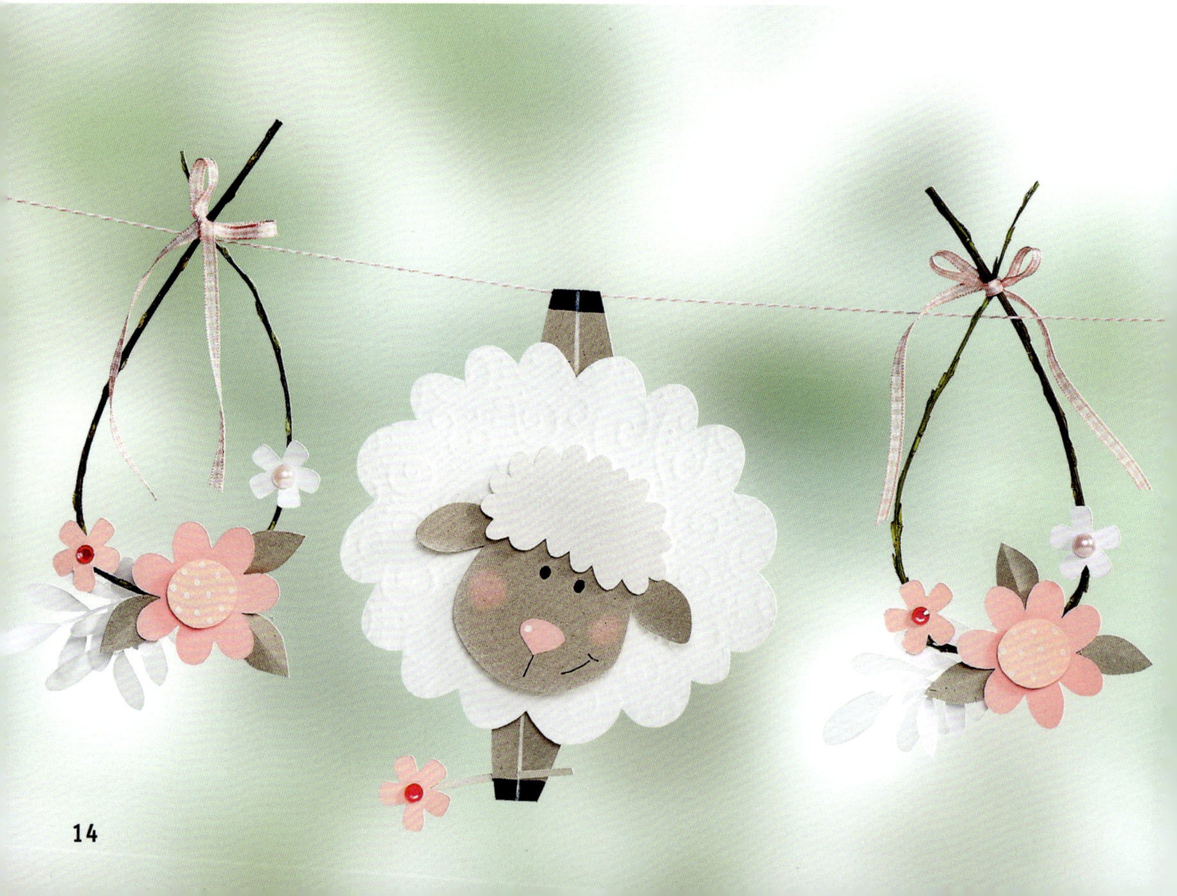

1 Nach Vorlage Beine, Köpfe, Nasen, Kopfwolle und je zweimal die Körper der Schafe ausschneiden. Wie im Foto die Beinenteile mit Filzstift und Lackmalstift dekorieren. Ein kleines Stück der Hinterbeine wird umgefaltet, um so das Schaf am Bäckergarn aufhängen zu können. Die Vorderbeine bei den Hufen einschlitzen.

2 Drei Blumen mit Stängeln aus grauem Fotokarton und rosafarbener Blüte basteln. In die Mitte jeder Blüte einen Strassstein in Pink kleben. Je eine Blume in einem Schlitz bei den Vorderbeinen befestigen. Die Beinenteile für ein Schaf zwischen zwei Körperteile kleben.

3 Auf jeden Kopf eine Nase aus Tonpapier kleben, ein Gesicht aufmalen (siehe „TOPP-Tipps") und die Kopfwolle festkleben. Den fertigen Kopf anschließend mit einem Klebepad auf dem Körper befestigen.

4 Die Äste zu Schlaufen biegen und mit etwas Satinband festbinden, darüber eine Schleife binden. Nun die Blumen und Blätter ausschneiden, formen (siehe „So wird's gemacht"), am Ast dekorieren und mit Heißkleber befestigen.

5 Das Garn wird durch die Astschlaufen gezogen. Zwischen den Ästen die Schafe an den Hinterbeinen festkleben.

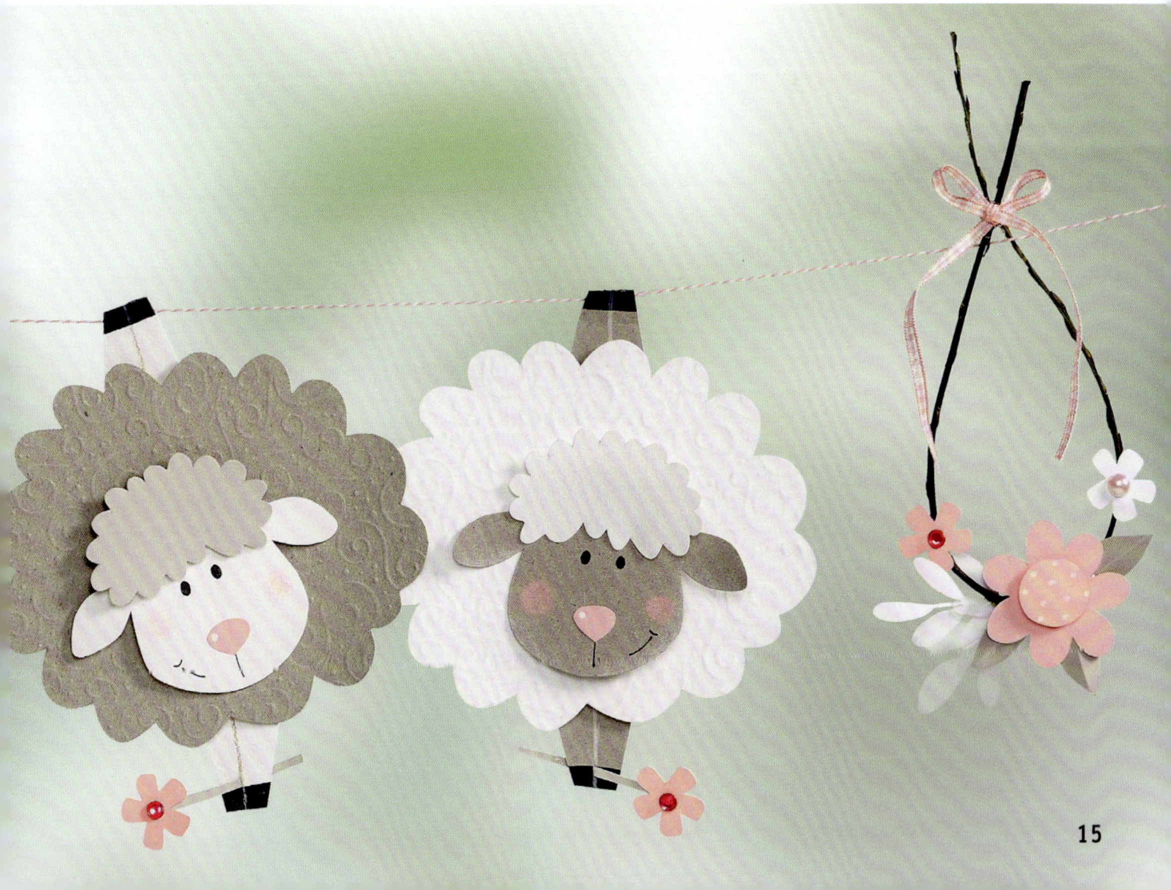

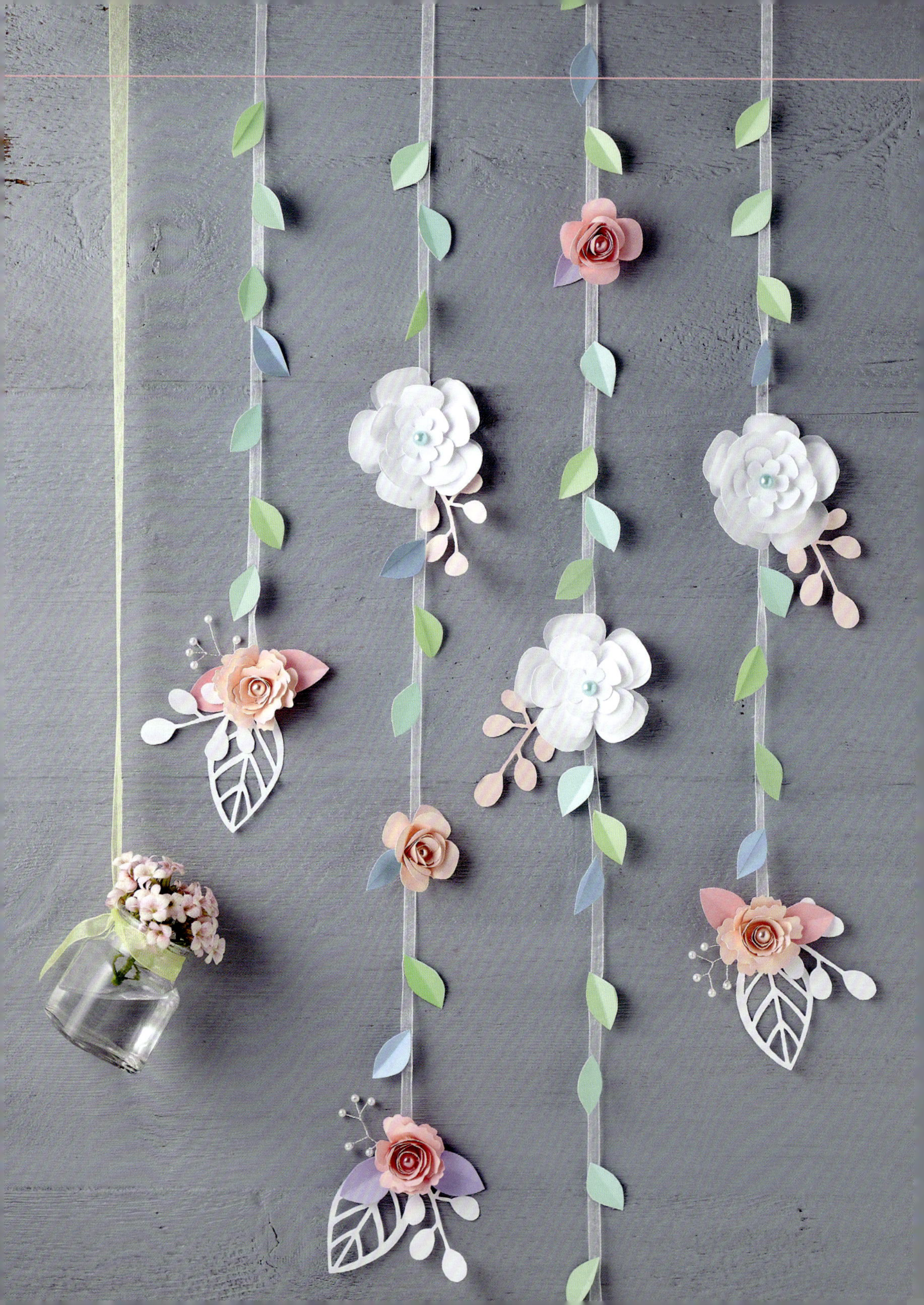

Um die gewickelten Blüten zu sichern, das letzte Stück der Blütenspirale umknicken und unter die Blume kleben. Die kleinen Zweige mit Perlen wirken dazu elegant und filigran.

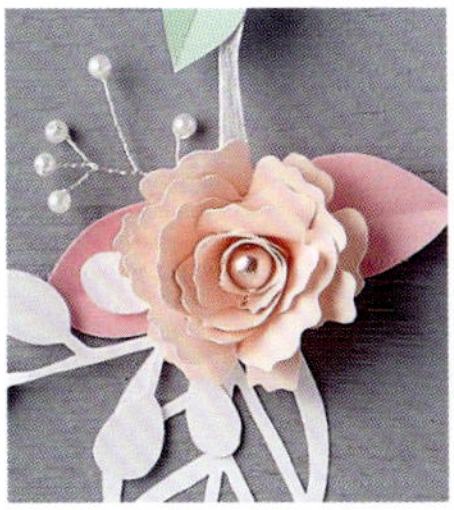

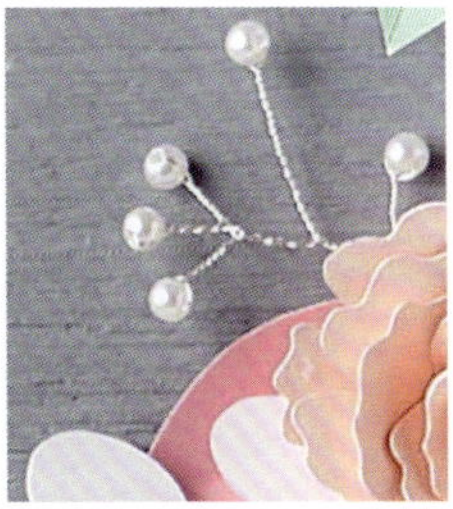

Blumen und Blätter

lassen den Frühling erwachen

MOTIVGRÖSSE
50 cm lang, 36 cm breit

MATERIAL

- Fotokarton in Weiß, A3
- Transparentpapier, A3
- Tonpapier in Rosa, Hellrosa, Hellgrün, Türkis, Hellblau und Helllila, A4
- Halbperlen in Türkis, ø 8 mm
- Wachsperlen in Hellrosa und Rosa, ø 8 mm
- 15 Wachsperlen in Weiß, ø 4 mm
- Organzaband in Weiß, 6 mm breit, 4 m lang
- Effektdraht in Silber, ø 0,25 mm, 40 cm lang
- Heißkleber
- Prickelnadel mit Unterlage
- Cutter mit Schneideunterlage

VORLAGE
Bogen A

1 Für die großen Blüten alle Teile aus weißem Fotokarton und Transparentpapier ausschneiden. Jeweils den größten Blütenkreis direkt auf das Organzaband kleben. Nun abwechselnd, von groß nach klein, Blütenkreise aus Transparentpapier und Fotokarton darüber kleben. In der Mitte wird eine Halbperle befestigt. Von hinten ein rosa Ranke ankleben.

2 Die kleinen Blüten werden nach Vorlage aus je einer der Blütenspiralen in Rosa oder Hellrosa geformt. Die ausgeschnittene Spirale von innen nach außen um ein Schaschlikstäbchen wickeln und vorsichtig abziehen. In der Blütenmitte eine rosa Wachsperle befestigen.

3 Aus Tonpapier die kleinen Blätter ausschneiden, in der Mitte mit der Prickelnadel einritzen und dann falten. Die Blätter auf den Bändern positionieren und festkleben. Bei langen Bänden nach Belieben kleine Blüten dazu kleben.

4 Eine weiße Perle mittig auf ein ca. 5 cm langes Drahtstück schieben und dieses eng verdrehen. Auf die gleiche Weise viere weitere Perlen jeweils an einem ca. 2 cm langen Draht festdrehen. Die vier Drähte so am langen Draht verdrehen, dass ein kleiner Zweig entsteht.

5 Nach Vorlage die weißen Blätter mit dem Cutter ausschneiden. Dann auf den Anfang von einem Stück Organzaband kleben, drüber kleine Blätter, eine weiße Ranke und einen Drahtzweig mit Perlen. Über alles eine kleine Blüte kleben.

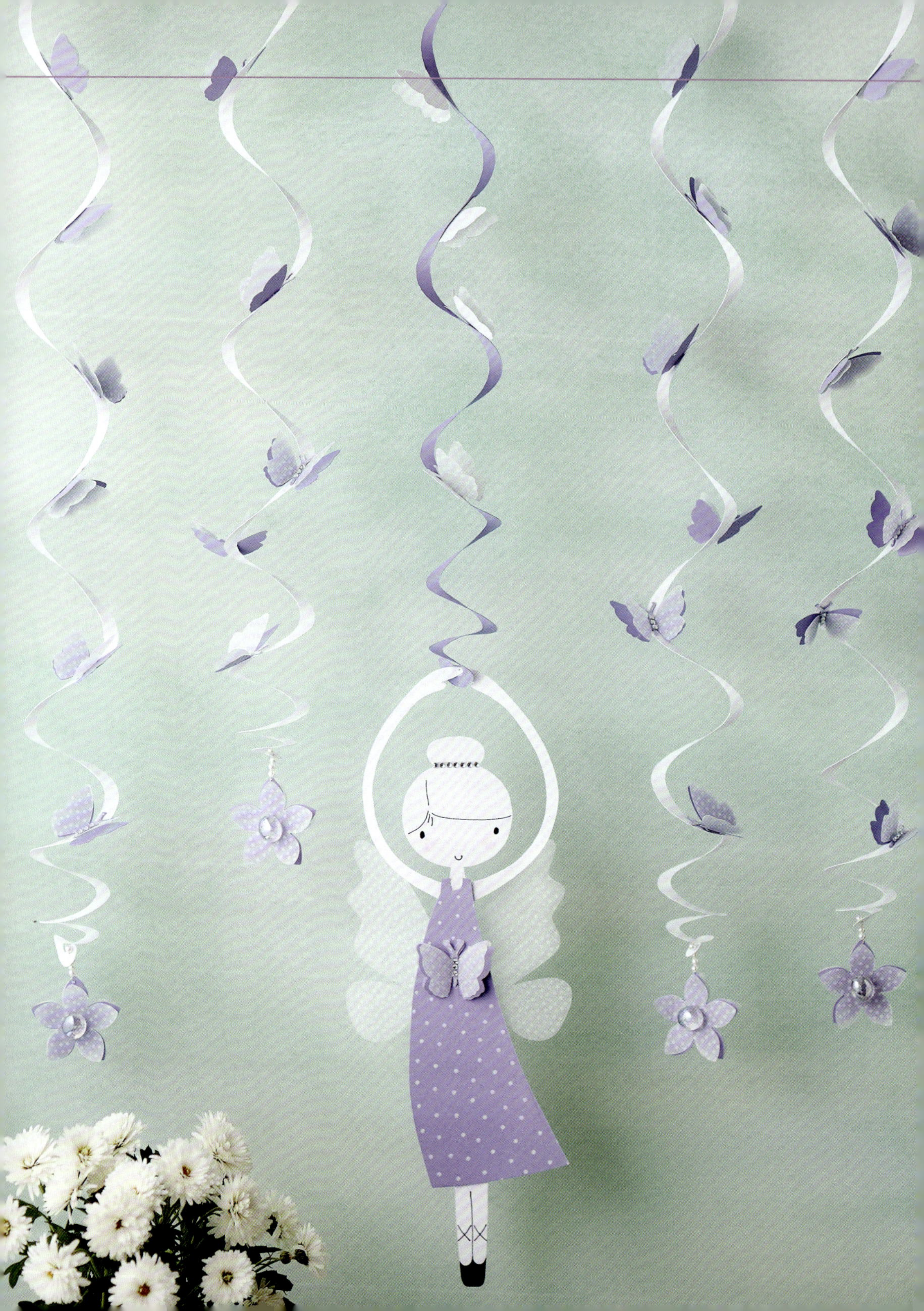

Schmetterlingsfee

Tanz in der Luft

MOTIVGRÖSSE
75 cm lang, 50 cm breit
Fee ca. 32 cm

MATERIAL
- Fotokarton in Weiß und Hellviolett, A3
- Transparentpapier „Pünktchen“ in Lila, A3
- Strasssteine, selbstklebend, ø 3 mm
- 16 Wachsperlen in Weiß, ø 4 mm
- 8 Glas-Nuggets, ø 1,5 cm
- Effektdraht in Silber, ø 0,25 mm, 20 cm lang
- Lackmalstift in Weiß
- Filzstift in Schwarz
- Buntstift in Rot
- Heißkleber
- Prickelnadel mit Unterlage
- Motivlocher Blume, ø 5 cm
- Motivlocher Schmetterling, ø 3,81 cm
- Wattestäbchen

VORLAGE
Bogen B

1 Die Fee nach Vorlage aus weißem Fotokarton ausschneiden, aus hellviolett zweimal das Kleid. Die Schuhe und das Gesicht aufmalen (siehe „TOPP-Tipps“) sowie die Haare mit Strasssteinen dekorieren. Von vorne und hinten ein Kleid auf den Körper kleben. Verzieren Sie die Kleider mit weißen Punkten.

2 Mit dem Motivlocher vier Blumen in Hellviolett und acht aus Transparentpapier ausstanzen. An eine violette Blume mittig von beiden Seiten je eine transparente Blume kleben, dabei auf einer Seite ein Stück Draht zur Befestigung einkleben. Die Blütenblätter mit einem Bleistift wölben (siehe „So wird's gemacht“). In die Blütenmitte von beiden Seiten ein Glas-Nugget kleben.

3 Nun fünf weiße und siebenundzwanzig hellviolette sowie transparente Schmetterlinge ausstanzen. Nach Vorlage die Schmetterlinge zweimal falten, dazu vorher das Papier einritzen. Je einen transparenten Schmetterling mittig auf einen hellvioletten kleben. Entlang der Mittellinie drei Strasssteine auf jedem Schmetterling befestigen.

4 Eine Spirale aus hellviolettem und vier aus weißem Fotokarton ausschneiden. Die Blüten mit dem Draht und Wachsperlen (siehe „So wird's gemacht“) unten an den weißen Spiralen anknüpfen. An der violetten Spirale unten die Hände der Fee etwas überkreuzen und festkleben. Einen violetten Schmetterling auf das Kleid der Fee kleben. Die restlichen Schmetterlinge nach Belieben an den Spiralen befestigen und diese nebeneinander aufhängen.

Putzige Vögelchen

kündigen den Frühling an

MOTIVGRÖSSE
35 cm lang, 30 cm breit

MATERIAL
- Tonkartonreste in Rosa, Hellgrün, Hellblau und Weiß
- Transparentpapierreste in Weiß
- Tonpapierreste in Weiß
- Wachsperlen in Rosa, Hellgrün und Hellblau, ø 8 mm
- Wachsperlen in Weiß, ø 4 mm
- Federn in Rosa, Hellgrün, Hellblau und Weiß
- Effektdraht in Silber, ø 0,25 mm, 20 cm lang
- Ast in Weiß, 30 cm lang
- Lackmalstift in Weiß
- Filzstift in Rosa, Grün, Blau und Schwarz
- Buntstift in Rot
- Prickelnadel mit Unterlage
- Wattestäbchen

VORLAGE
Bogen B

1 Die Körper der Vögelchen aus weißem Fotokarton ausschneiden. Von beiden Seiten Schnabel, Auge und Wange gestalten (siehe „TOPP-Tipps"). Als Kopfschmuck je einen Transparentpapierstreifen leicht auf ein Schaschlikstäbchen rollen und oben am Kopf festkleben.

2 Für die Flügel ein Stück Transparentpapier zusammenfalten und die Form zuschneiden. Mit dem Lackmalstift Striche aufmalen. Von unten einen schrägen Schlitz in den Körper schneiden, die Flügel einschieben und verkleben. Am Schwanz eine farbige Feder befestigen.

3 In den Farben der Federn je einen Streifen aus Tonkarton ausschneiden. Auf einer Seite mit dem Lackmalstift eine Bordüre aufmalen. Den Streifen als Ring zusammenkleben und an der Klebestelle zum Aufhängen ein Loch stechen.

4 Oben am Kopf des Vogels ein Loch machen und daran ein Drahtstück befestigen, indem Sie es verdrehen. Eine weiße Wachsperle befestigen (siehe „So wird's gemacht"). Den Vogel gerade ausrichten und den Draht durch das Loch im Papierring ziehen. Direkt über dem Loch eine weiße Perle und eine Perle in der Farbe des Rings am Draht befestigen.

5 Drei kleine weiße Blumen und ein kleines Blatt ausschneiden. In die Mitte der Blüten einen farbigen Punkt setzen, einmal in Rosa, Grün und Blau. Die Drähte oberhalb des Rings nun nach Belieben mit den Blumen, Federn, weißen Perlen und dem kleinen Blatt schmücken. Die einzelnen Ketten mit dem Draht am Ast befestigen und bei Bedarf mit Kleber sichern.

Mein Tipp für Sie

Verlängern Sie die Girlande für das Fenster mit weiteren Perlen und Blumen. Die kleinen Blumen können Sie auch mit einem Motivlocher ausstanzen.

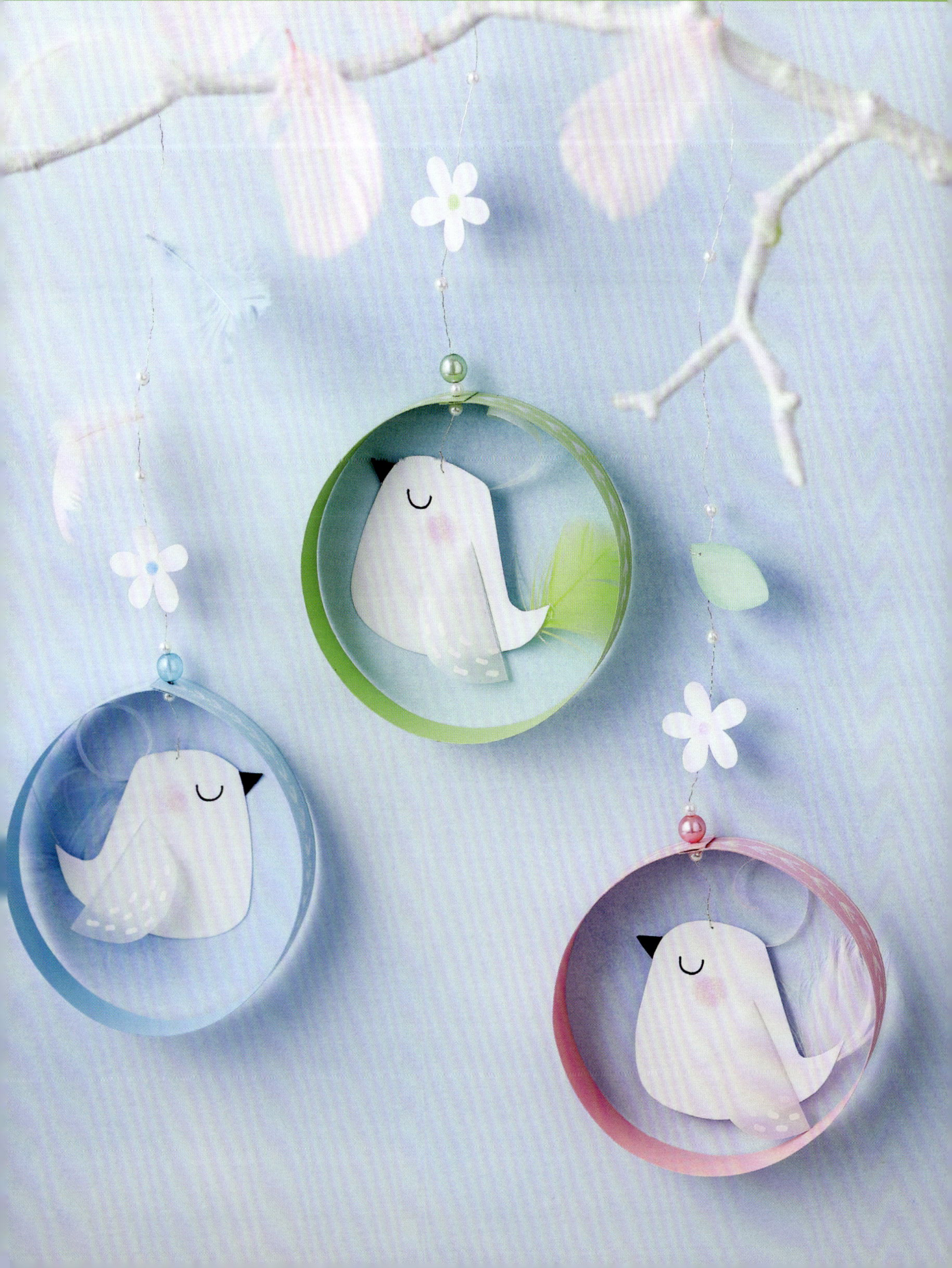

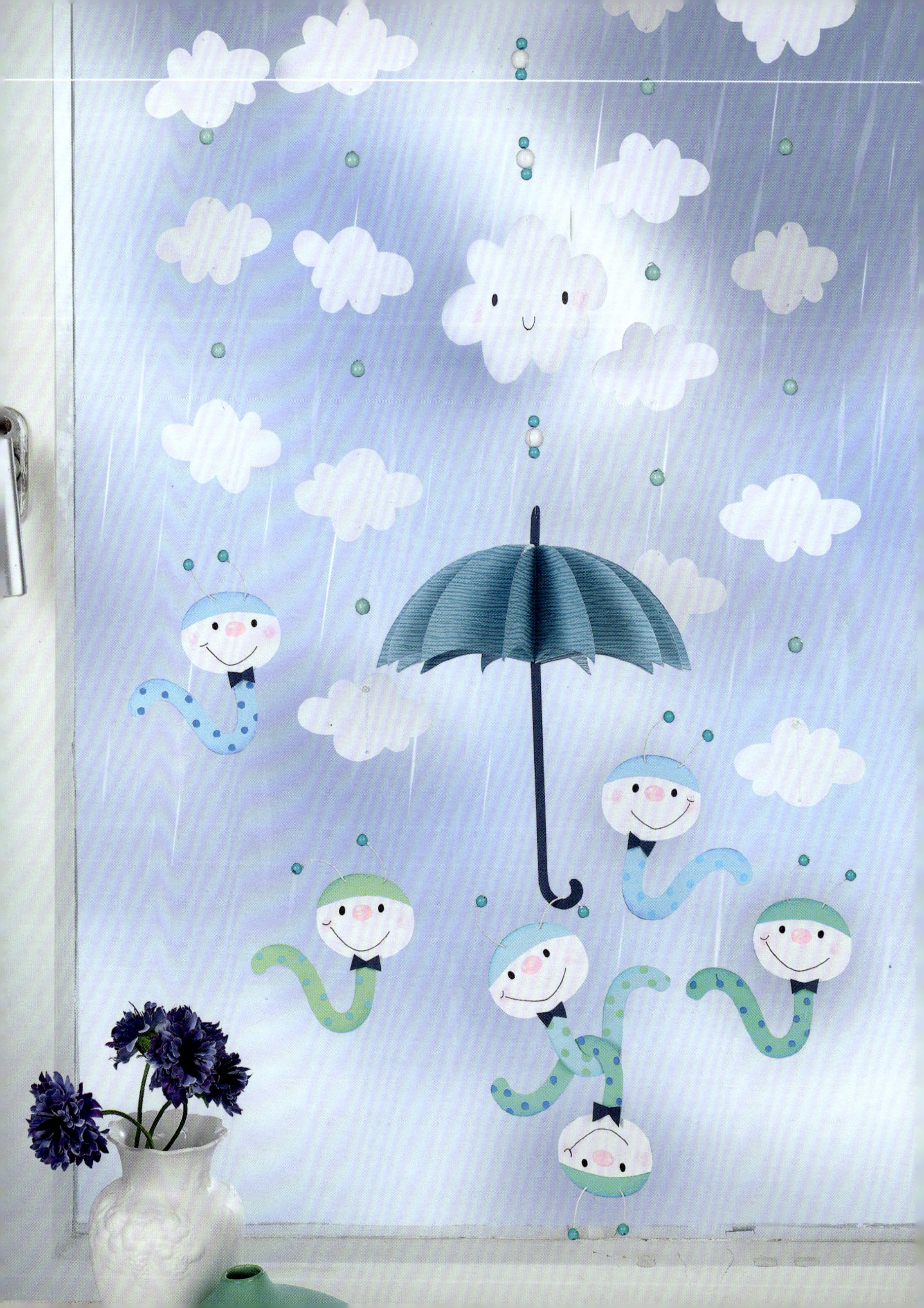

Bei Regenwetter

mit Schirm und Regenwurm

MOTIVGRÖSSE
70 cm lang, 50 cm breit

MATERIAL
- Tonkarton in Weiß, A3
- Effekt-Papier „Stream" in Hellblau, A3
- Tonkartonreste in Hellgrün, Türkis, Hellblau, Blau, Dunkelblau und Weiß
- 4 Holzperlen in Weiß, ø 1 cm
- 14 Holzperlen in Helltürkis, ø 8 mm
- 20 Holzperlen in Türkis, ø 6 mm
- Aufreihgarn in Weiß, ø 0,27 mm, 2,7 m lang
- Papierdraht in Weiß, ø 0,5 mm, 50 cm lang
- Lackmalstift in Weiß
- Filzstift in Grün, Hellblau, Blau und Schwarz
- Buntstift in Rot, Grün und Blau
- Heißkleber
- Prickelnadel mit Unterlage
- Wattestäbchen

VORLAGE
Bogen A

1 Alle Wolken aus weißem Tonkarton ausschneiden. Der größten Wolke ein Gesicht aufmalen (siehe „TOPP-Tipps"). Mit der Prickelnadel in alle Wolken jeweils oben und unten ein Loch stechen.

2 Die Würmer nach Vorlage in den unterschiedlichen Farben ausschneiden, dazu die Gesichter aus weißem Tonkarton und die Fliegen in Dunkelblau. Mit Filzstiften Punkte auf die Körper malen und die Gesichter gestalten. Für die Fühler oben am Kopf zwei Löcher machen und ein Stück Papierdraht durchstecken. An den Drahtenden je ein Holzperle ankleben. Das Gesicht auf den Körper kleben und anschließend eine dunkelblaue Fliege ankleben.

3 Für den Schirm einen dunkelblauen Henkel ausschneiden. Das hellblaue Papier doppelt falten und daraus nach Vorlage zwölf Formen zuschneiden. Sechs davon nacheinander an der geschlossenen Kante zusammenkleben, dann den Henkel einkleben. Die verbleibenden sechs Teile mit Kleber befestigen, sodass ein dreidimensionaler Schirm entsteht.

4 Ein Loch in die Spitze des Henkels machen und ein Stück Garn verknoten. Wie auf dem Foto die Perlen auffädeln und befestigen (siehe „So wird's gemacht"). Die Wolke ebenfalls auffädeln und bei Bedarf auf der Rückseite mir etwas Kleber festmachen. Unten am Henkel zwei Würmer einhängen.

5 Die anderen Garnstücken jeweils an die Holzperle eines Fühlers knoten. Dann abwechselnd Wolken und Perlen auffädeln und wie zuvor befestigen.

Mein Tipp für Sie

Am Fenster sollte etwas Abstand zur Scheibe bleiben. Dazu die Girlande oben am Fensterrahmen festmachen.

Frohe Ostern

wünscht das Häschen

MOTIVGRÖSSE
70 cm lang, 44 cm breit

MATERIAL

- Fotokarton in Weiß, A3
- Motivpapierreste „Traumwiese" und „Schriften" oder „Buchtext"
- Tonpapierreste in Rosa
- 8 Wachsperlen in Weiß, ø 8 mm
- 3 Perlhuhnfedern
- Aufreihgarn in Weiß, ø 0,27 mm, 3 m lang
- Effektdraht in Silber, ø 0,25 mm, 45 cm lang
- Satinband in Weiß-Rosa kariert, 6 mm breit, 40 cm lang
- Lackmalstift in Weiß
- Filzstift in Schwarz
- Buntstift in Rot
- Heißkleber
- Prickelnadel mit Unterlage
- Cutter mit Schneideunterlage
- Wattestäbchen

VORLAGE
Bogen B

1 Nach Vorlage das Wort „FROHE", die einzelnen Buchstaben und den Hasen aus weißem Fotokarton ausschneiden – für gerade Linien empfiehlt sich der Cutter mit Lineal, für geschwungene Linien eine Nagel- oder Silhouettenschere. Die Ohren wie eingezeichnet einschneiden.

2 Aus den Papierresten die Nase, Tulpenköpfe, das kleine Blatt und die doppelte Menge Eier zuschneiden. Nun das Gesicht aufmalen (siehe „TOPP-Tipps"). Den Draht in drei gleich lange Stücke schneiden. Diese als Schnurrharre zwischen Mund und Augen positionieren und mit der Nase darüber ankleben. Die Tulpenköpfe und das Blatt oben am „H" befestigen.

3 Den Hase mit den losen Buchstaben zu einer Kette verbinden. Dafür mit der Prickelnadel an den Rändern je ein Loch stechen. Immer zwei Löcher mit etwas Garn verknüpfen, an dem jeweils eine Wachsperle befestigt ist, die dann zwischen den Buchstaben liegt.

4 Das Garn für die Eierketten in gewünschter Länge zuschneiden. Die Eier werden immer von vorne und hinten um das Garn geklebt. Zur Dekoration Wachsperlen befestigen und in das Loch der Perle eine Feder einkleben.

5 Den Hasen mit dem Schlitz an den Ohren am „O" festkleben. Zum Schluss ein Ei mit Perle und Feder oben am „O" verknoten.

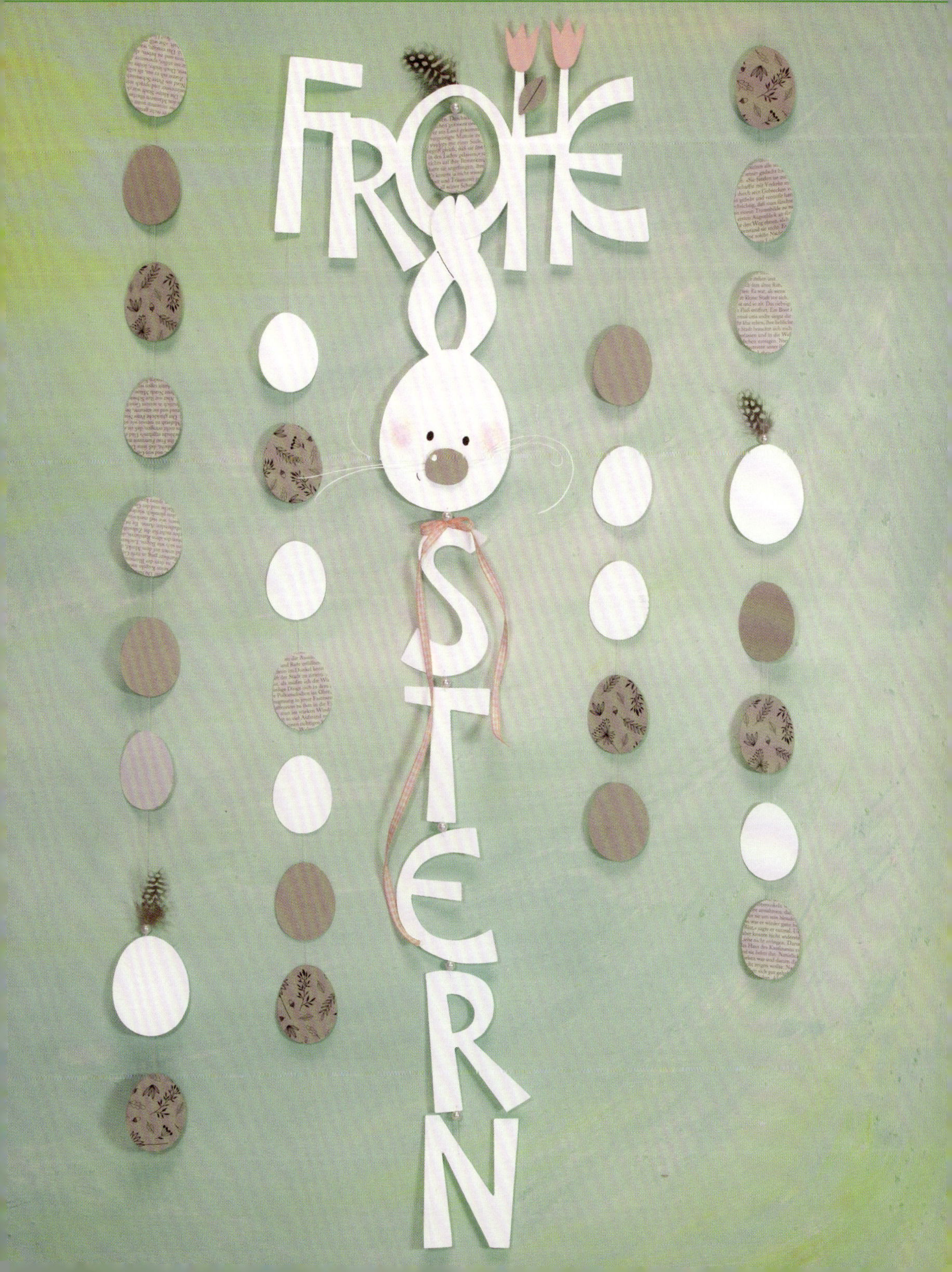
FROHE
OSTERN

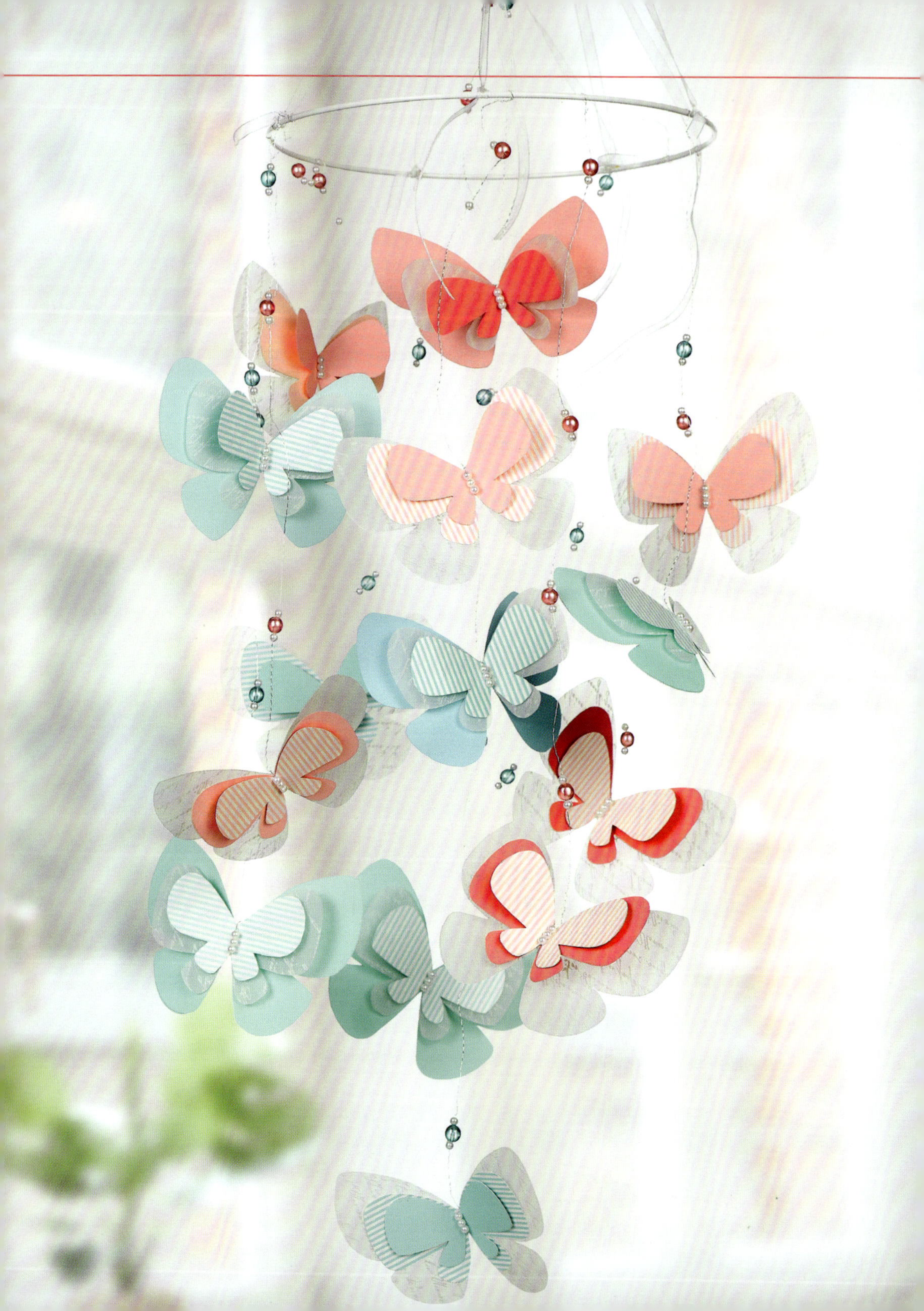

Die Schmetterlinge sehen sehr schön aus, wenn sie aus unterschiedlichen Papieren gestaltet werden. Am besten mit einer Kombination beginnen und dann diese Papiere für unterschiedliche Größen nutzen.

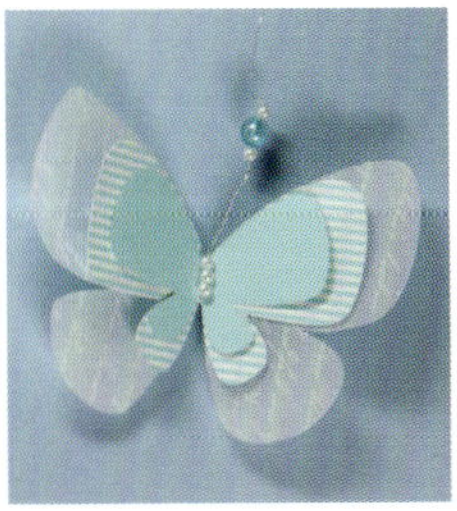

Schmetterlingsschwarm

in zarten Farben

MOTIVGRÖSSE
55 cm lang, 25 cm breit

MATERIAL
- Motivpapier „Streifen" in Pflaume und Minze, A3
- Transparentpapier „Schriften", A3
- Tonpapierreste in Hellrosa, Rosa, Türkis und Hellblau
- Glaswachsperlen in Rosa und Türkis, ø 8 mm
- Wachsperlen in Weiß, ø 4 mm
- Metallring in Weiß, ø 22 cm
- Effektdraht in Silber, ø 0,25 mm, 2,5 m lang
- Organzaband in Weiß, 6 mm breit, 3 m lang
- Prickelnadel mit Unterlage

VORLAGE
Bogen B

1 Zu Beginn alle Teile der Schmetterlinge nach Vorlage ausschneiden. Jeder Schmetterling besteht aus drei unterschiedlich großen Teilen. Papier und Farbe für die Teile können Sie nach Wunsch zusammenstellen. Je drei Teile übereinanderlegen und in der Mitte mit etwas Klebstoff aneinander befestigen.

2 Zum Aufhängen der Schmetterlinge je drei weiße Wachsperlen auf ein langes Stück Draht fädeln. Die Perlen dann mittig auf einem Schmetterling platzieren und den Draht fest verdrehen. Zum Verzieren weitere Perlen am Draht befestigen (siehe „So wird's gemacht"). Für die Mitte des Rings zwei längere Drähte benutzen, die später an der Aufhängung befestigt werden.

3 Den Metallring an fünf Organzabändern aufhängen, die oben miteinander verknotet werden, dabei die zwei längeren Drähte mit festknoten, sodass sie in der Mitte hängen. Die restlichen Drähte direkt am Metallring befestigen und nach Wunsch ausrichten.

Tulpen in Vasen

mit Liebe gemacht

MOTIVGRÖSSE
55 cm lang, 35 cm breit

MATERIAL
- Fotokarton in Hellblau, Azurblau, Ozeanblau und Astro-Grau, A3
- Fotokartonreste in Weiß
- Motivpapier „Streifen" in Hellblau
- Halbperlen in Weiß, ø 6-8 mm
- Bäckergarn in Hellblau, ø 1 mm, 4 m
- Lackmalstift in Weiß
- Heißkleber

VORLAGE
Bogen B

1 Nach Vorlage drei Vasen aus gestreiftem Papier und eine in Hellblau ausschneiden. Auf die hellblaue Vase mit dem Lackmalstift kleine Punkten malen. Vier Herzen in Azurblau zuschneiden und auf jede Vase eines aufkleben.

2 Die Stängel in Ozeanblau ausschneiden und je einen mittig an einer Vase befestigen. Für die Blätter unterschiedliche Farbtöne benutzen und nach dem Ausschneiden weiße Blattadern einzeichnen. Die Blätter von hinten an die Vasen kleben. Nach Belieben einzelne Blattspitzen umfalten.

3 Zuletzt die Blütenkelche, Blütenkronen und Staubblätter ausschneiden. Die Blütenkronen werden mit weißen Punkten dekoriert und leicht gewölbt (siehe „So wird's gemacht"). Mit Kleber je einen Kelch auf einer Krone befestigen sowie hinten an der Krone das Garn zum Aufhängen festkleben. Ebenfalls von hinten je drei Staubblätter ankleben, an deren Spitzen immer eine Halbperle befestigt wird. Das Garn mit einige weißen Herzen dekorieren.

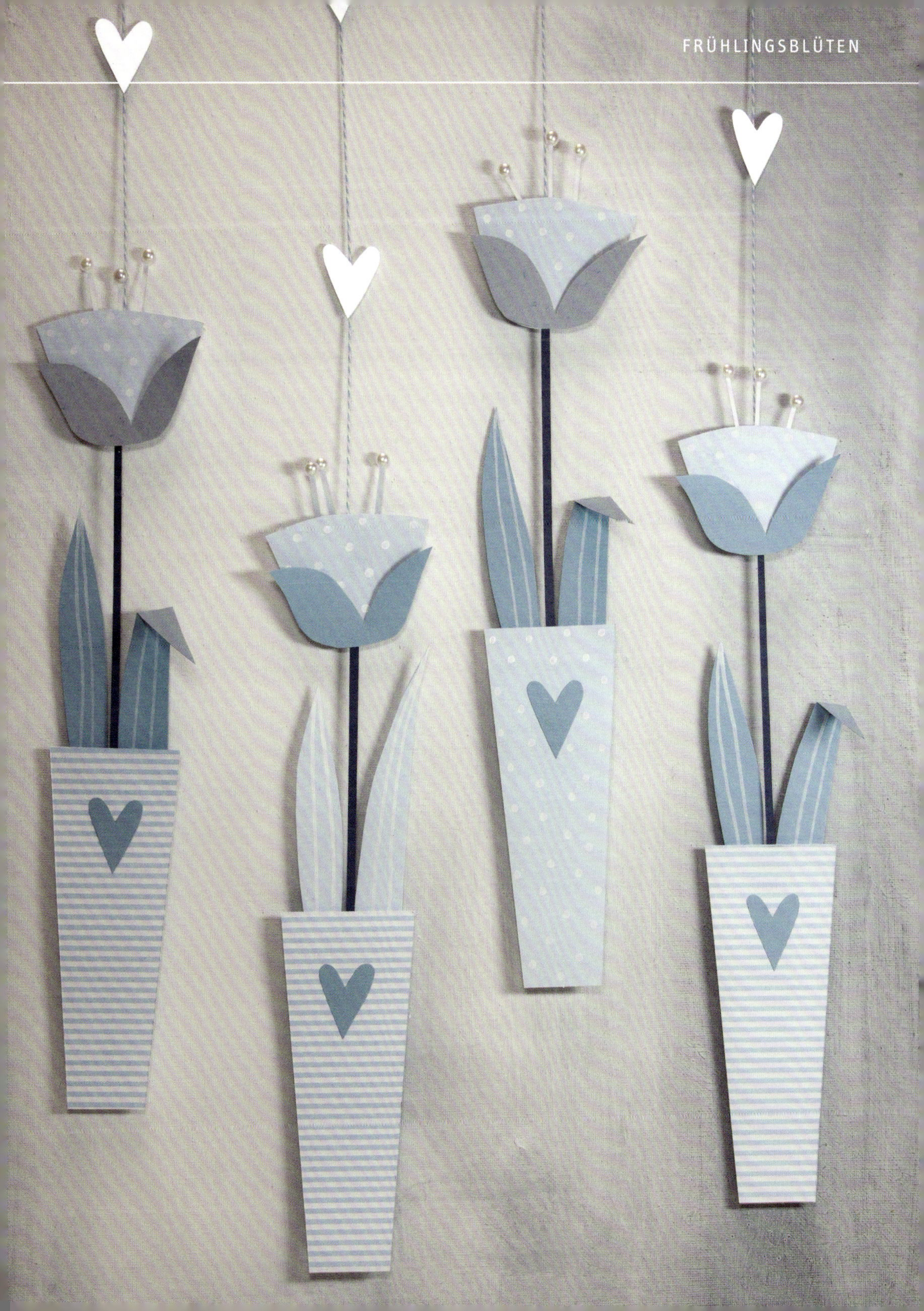

Versteckte Hasen

im Möhrenbeet unterwegs

MOTIVGRÖSSE
75 cm lang, 45 cm breit
Möhre ca. 30 cm

MATERIAL

- Effekt-Papier „Stream" in Goldgelb, A2
- Tonpapier in Hellgrün, A3
- Fotokarton in Weiß, A4
- Fotokartonreste in Rosa und Pink
- 8 Holzperlen in Weiß, ø 1 cm
- 19 Holzperlen in Orange, ø 6 mm
- Bäckergarn in Lindgrün, ø 1 mm, 4 m lang
- Dekodraht in Weiß, ø 0,5 mm, 1,4 m lang
- Lackmalstift in Weiß
- Filzstift in Schwarz
- Buntstift in Rot
- Heißkleber
- Prickelnadel mit Unterlage
- Wattestäbchen

VORLAGE
Bogen A

1 Die Form für die Möhre viermal ausschneiden. Mit der Prickelnadel werden die Faltlinien eingeritzt. Falten und jede Möhre hinten zusammenkleben. Soll die Öffnung oben größer sein, muss sich die Form hinten stärker überschneiden.

2 Pro Möhre drei Grasstücke mit eingeschnittenen Streifen zuschneiden. Die Streifen mit einem Bleistift etwas einrollen. Dann je drei Grasstücke aneinander befestigen und mit dem Garn zum Aufhängen in eine Möhre einkleben.

3 Alle Teile für die Hasenköpfe ausschneiden. Auf die Köpfe die Gesichter aufmalen (siehe „TOPP-Tipps"). Mit der Prickelnadel Löcher für die Schnurrhaare aus Draht machen. Die Drähte durch diese Löcher stecken und hinten mit etwas Klebstoff befestigen. Je einen Kopf in eine von drei Möhren kleben und zuletzt die Nase wie im Bild aufkleben.

4 Für die vierte Möhre alles für das Hinterteil des Hasen ausschneiden. Den Körper in die Möhre kleben und den Schwanz darauf. Die Pfoten, mitsamt der rosafarbenen Ballen, werden am oberen Rand der Möhre befestigt.

5 Zur Verzierung werden wie im Foto die Holzperlen oben auf das Garn gefädelt und vorsichtig verklebt. Um jede Möhre wird außerdem noch ein Stück Garn mit einer kleinen Schleife gebunden. Das Garn hinten festkleben, sodass es nicht verrutscht oder wegfällt.

Mein Tipp für Sie

Damit die Hasen noch plastischer aussehen, verwenden Sie Klebepads zwischen Kopf und Nase sowie Hinterteil und Schwanz.

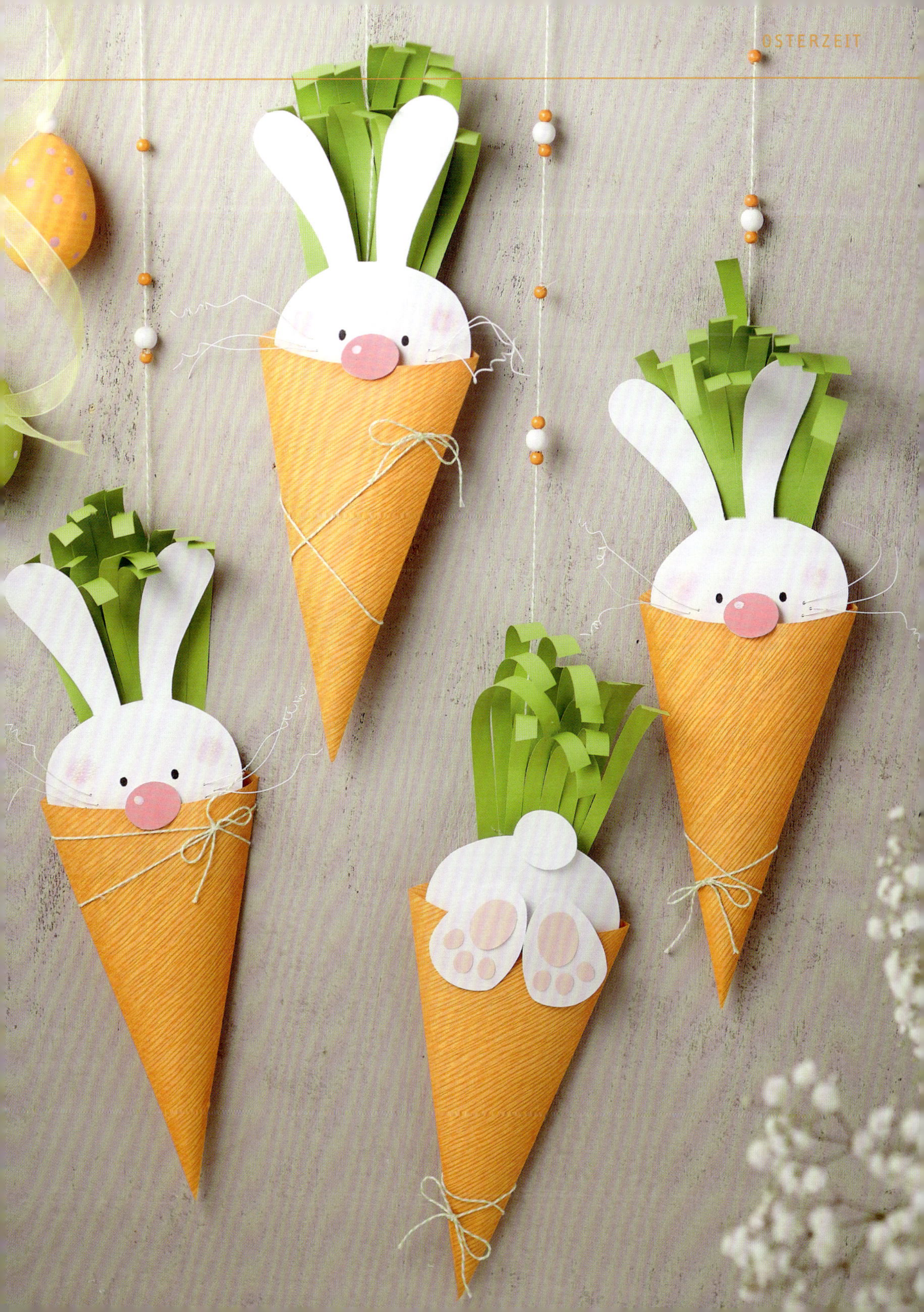

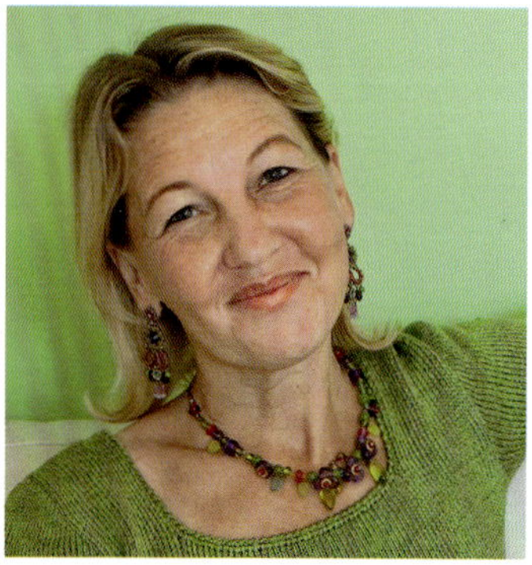

Pia Pedevilla, ladinischer Muttersprache, lebt in Bruneck (Südtirol). Sie studierte Kunst in Gröden und Werbegrafik in Urbino. Seit Jahren ist sie im Bereich der Illustration und des Designs für Kinder tätig und hat lange Kunst und Werken unterrichtet. Heute leitet sie Fortbildungskurse für Lehrer und interessierte Erwachsene und gibt Unterricht in den Fächern Kunst und Musik an der Uni in Brixen. Im frechverlag hat sie über 100 Bücher über verschiedene Arbeitstechniken veröffentlicht. Auf ihrer Internetseite können Sie einen Blick in ihre Bücher werfen und erhalten Basteltipps sowie das aktuelle Kursangebot:
www.piapedevilla.com
Facebook: @PiaPedevilla und @PiaPedevillaDesign

DANKE!

Wir danken den Firmen efco creative GmbH (Rohrbach), L. Jansen GmbH & Co. KG Buntpapierfabrik (Mönchengladbach) und Rayher Hobby GmbH (Laupheim) für die freundliche Unterstützung mit Materialien.

Der Freischalte-Code für die Vorlagen lautet: 10198

TOPP – Unsere Servicegarantie

WIR SIND FÜR SIE DA! Bei Fragen zu unserem umfangreichen Programm oder Anregungen freuen wir uns über Ihren Anruf oder Ihre Post. Loben Sie uns, aber scheuen Sie sich auch nicht, Ihre Kritik mitzuteilen – sie hilft uns, ständig besser zu werden.

Bei Fragen zu einzelnen Materialien oder Techniken wenden Sie sich bitte an unseren Kreativservice, Frau Erika Noll.
mail@kreativ-service.info
Telefon 0711 / 123 757 20*

Das Produktmanagement erreichen Sie unter:
pm@frechverlag.de
oder:
frechverlag
Produktmanagement
Turbinenstraße 7
70499 Stuttgart
Telefon 0711 / 8 30 86 68

LERNEN SIE UNS BESSER KENNEN! Fragen Sie Ihren Hobbyfach- oder Buchhändler nach unserem kostenlosen Magazin **Meine kreative Welt.** Darin entdecken Sie zweimal im Jahr die neuesten Kreativtrends und interessantesten Buchneuheiten.

Oder besuchen Sie uns im Internet! Unter **www.topp-kreativ.de** können Sie sich über unser umfangreiches Buchprogramm informieren, unsere Autoren kennenlernen sowie aktuelle Highlights und neue Kreativtechniken entdecken, kurz – die ganze Welt der Kreativität.

Kreativ immer up to date sind Sie mit unserem monatlichen **Newsletter**. Für aktuelle Infos, Gratis-Anleitungen und Gewinnspiele gleich anmelden unter www.TOPP-kreativ.de/Newsletter

IMPRESSUM

FOTOS: frechverlag GmbH, 70499 Stuttgart; Pia Pedevilla (S. 1, 25, 29 und Schrittfotos); lichtpunkt, Michael Ruder, Stuttgart (alle übrigen)
PRODUKTMANAGEMENT UND LEKTORAT: Nele Schlötzer, Nicole Schmeißer
COVERGESTALTUNG: Tatjana Weiß
GESAMTHERSTELLUNG: Katrin Röhlig
SATZ: Katrin Röhlig
DRUCK: Tiskárna Grafico s.r.o., Tschechische Republik

2. Auflage 2024

ISBN 978-3-7724-4482-1 • Best.-Nr. 4482

MIX
Paper | Supporting responsible forestry
FSC® C187910

Penguin Random House Verlagsgruppe
FSC® N001967